2050年への
人創り・国創り

分断する社会と世界を繋ぎとめるために

フォーラム21
梅下村塾30期生

丸善プラネット

はじめに

英国のEU離脱、米国のトランプ大統領の登場、中国の東・南シナ海への進出、北朝鮮の核・ミサイル問題など激動する国際情勢と、社会保障の限界、働き方改革、生産性の向上、憲法論議など噴出する国内課題が毎日のように報じられ、これまで社会を成立させてきたルールの限界が垣間見える2017年。この大変革の時代、メディアやインターネットのコメントに共感し、また反駁しながらも、ひとつの〝正解〟といえる考え方を選ぶことも難しい。どこかで「自分ではどうしようもない」と考え、変わりゆく世界の中で不条理やいごこちの悪さを感じつつ、忙しい毎日を精一杯過ごしていく。これがいまの生活者の一般的な姿ではないだろうか。

そんな思いを共有するわれわれの自己紹介をしよう。今年「フォーラム21」という「社外研修」に参加したわれわれは、企業などに所属する40～50代の各職場の管理職。言ってみれば

「将来のリーダー」と目されるメンバーである。このフォーラム21の歴史は、日本が「世界第二の経済大国」として今後も豊かな生活を送れるだろうと多くの人が考えていた1987年にさかのぼる。日本電信電話公社（現・日本電信電話株式会社）でも後進の人材育成を手がけてきた梅津昇一氏が引退後、「国に恩返しをする」思いで、日本の代表的な企業の経営者たちに声をかけ発足したプログラムで、今年で30期、30年の歴史を重ねている。

過去の研修参加者には企業のトップに就いた人も多く、まさに日本のリーダー層の一翼を担う錚々たるメンバーが並んでいる。一般的な「研修」の概念とはかなり違い、30年で1000名近いの人々をつなげてきたこのプログラムは、参加者の人生観を大きく変える体験を提供し、終了後もさまざまな立場の人々をつなげる社会の〝横串〟、ひとつのコミュニティとして機能している。

この研修に各職場から集められた職種も業務もまったく異なるメンバーに与えられた課題は、「日本の未来を考えること」。異なる専門性を持ち、それぞれの立場で日々の業務に邁進する全員がシャッフルされ、自分たち、そして子どもたちの世代が直面する「日本のこれから」について、本業同様の熱量で徹底的に知恵を集め、実際の現場を見て、腹蔵のない議論を1年間にわたって展開する機会が与えられた。

アウトラインこそ理解していたが、その実情や背景状況について深く知っているわけではない〝日本の課題〟。これに対して自分自身の意見を明確に表明したり、議論する機会はこれまでなかった。しかしこれらは、近い将来にわれわれがどこかで直面するであろう問題であり、もしかしたら直面することを避け、成り行きにまかせ、結果的に後悔する問題だったかもしれなかった。

ハラを決めたわれわれは、10人前後の「分科会」というグループに分かれ、週2回、問題の背景を深掘りし、時には掴み合いにならんばかりの勢いで意見をぶつけ合い、それぞれの主張や、その根本にある考え方を戦わせることになった。

フォーラム21の活動は、内部の議論にとどまらなかった。毎月の講演会で多くの専門家や経営者から、直面する社会環境の変化や、リーダーシップの紡ぎだし方についての話を聴いた。衰退がささやかれながら自らの課題に挑む地方自治体を訪問し、日本の安全を守る自衛隊への体験入隊、また、日本文化の源流を求めて座禅修行や茶会にも参加するなど、さまざまな体験をした。

加えて各グループは「現場の知恵」を探し求めて、日本各地や海外を飛び回った。歴史や文化の研究者、ベンチャー企業経営者、伝統芸能の職人、福祉ＮＰＯ、廃校を活かす教育プログラム、最先端教育を実施する学校。中国では自国産業に誇りを持つエンジニアたちに会い、オーストラリアでは、異文化を受け入れ発展させる教育機関を視察した。われわれが見た一つひとつの現場は、日本のこれからを示唆する「小さな未来」であった。

「工夫と努力がかたちになっている」「こういう手もあったのか！」そして何よりも「自分たちもこうありたい」——そこにある現実にガツンと頭をなぐられ、自身が信じる道を実践する人々の目の輝きに魅せられ、その本質を理解しようとした。

いろいろな出会いを通じ、世界にはさまざまな能力や技術を持った人々が散らばっていることを実感した。たとえば、バーチャルだったデジタル技術が、ＩｏＴ（Internet of Things）技術で現実世界につながり、人工知能が随所に組み込まれることで、今後数年で現実世界の変化はもっと加速するだろう。電車に乗るのにいつの間にか紙の切符を使わなくなっているように、新しい技術はいつの間にか毎日の生活に入り込み、人々の行動を変えていく。その変化の恩恵は世界から境界線をなくし、多くの触れ合いを生み出し、人々のさまざまな活動や、新しいサービスを生み出すことだろうと、一見思える。

しかし一方では、この変化が大きな摩擦も生みだしている。このよく切れる「諸刃の剣」によって、同じ地平に立ち、お互いの世界を共通の視点で見ていた時代が変化し、思想的、経済的な格差が生まれ、人々が今までつないでいた手が離れつつある。世界の激動の中でさまざまな〝分断〟が起き始めている。

政治的な右派、左派はもちろんのこと、同じ町内に住んでいる高齢者と若者、過去に同じ学校で過ごした富裕者と貧困者、既存産業に従事する人々とベンチャー志向の人々、経済至上主義者とエコロジスト。戦後の長きにわたって平和を謳歌してきた日本社会を襲う急激な変化は、共存していた隣人との間に亀裂を生んだ。変化する未来を受け止めて新しい世界を作るために協力して事に当たるべきなのに、そのエネルギーの多くを無駄に消費してしまっているように思える。

メディアは、事象をわかりやすく伝えようとするあまり、時に物事を「一言」でセンセーショナルに伝えがちだ。ビジネス雑誌を開くと「日本は最高の国」もしくは「このままでは日本は滅びる」といった両極端のメッセージが目に飛び込んでくる。実際にわれわれが生きている世界は、「その間のどこか」にある。

物質的には豊かに見える一方、多くの人が〝絶対〟と信じる哲学がなくなってしまった現代。世界を見渡すと、多くの人がその拠りどころを宗教や政治的主義主張に求めている。そこまでに至らなくても、人は自分の所属する企業の理念や業界の社会的価値を信奉し、あるいは、特定の趣味趣向の世界に安住することを求めがちだ。これらの〝絶対〟は確かに人々に安心を与える。

ところが、そうやってタコツボ化した社会では、異なる立場の情報を「フェイクニュース」として拒否したり、一面的な情報だけを根拠に他者を攻撃したりする閉じた姿勢も生まれる。自分なりの判断をせずに、ニュースの表層だけを鵜呑みにして右往左往すること、何も変わらないとニヒリズムに陥ること、異なる立場を否定することで現実から目を背けること。これは「問題を先送りにすることで生まれる最悪の未来をつくり出す」ことにつながる行為である。われわれは、そんな未来を子どもたちに残したくはない。

フォーラム21の活動を通じてわれわれが確信したのは、オープンな姿勢で実体験をし、知らない世界を少しでも知ろうとすることの価値である。〝分断〟のもとにある「対話を拒む姿勢」と正反対にあるものだ。

先行きが見通せない現代では、ひとつの「不変で安心できる考え方」に長く安住することは難しい。英国の研究者、リンダ・グラットン氏は、これから人類が直面する「人生百年時代」では、従来の「ひとつの会社に就職し、無事引退して余生を過ごす」人生が難しくなり、よりロングスパンで自分の人生を見て、学び直しなどを通し、その送り方に自覚的にならなければならない、と語っている。こうした時代に求められるのは、自分自身をオープンに保ち、異なる立場の人々との議論を深め、常に正解を求めて「変化し続ける」姿勢だと言えるだろう。

われわれは本書で、２０５０年の日本の姿を思い描こうと試みた。いまの子どもたちがちょうど現在の私たちと同じように、社会の中堅へと成長しているはずの未来だ。

ありたい未来のかたちをつくるのに際してわれわれは「人と違ってもいい。しっかり対話をしてその違いを議論する」というシンプルな約束事を自らに課した。物事を判断し、他と対話するためには、個々に自分なりの「ものさし」や「考え方」を持つということが必要である。いま日本は一見、あまりにも快適に物事が進んでいるように見え、その背景にあるしくみや前提が見えなくなっている。巨大なブラックボックスと化した日本社会が直面する状況が変わった今、個々の人々がそれぞれ納得できる人生を送れるようにするためには、議論に参加する全員が、自分なりの尺度を持つ必要があるのだ。

われわれはいまの日本をそのまま次の世代に先送りはしたくない。子どもたちが大人になる

2050年から見て、正しい選択が今のわれわれにできているのかを検証していく。

なりゆきや感情に任せて意見を戦わせ、〝分断〟を招いてしまうのではなく、お互いを尊重し、物差しをもち、他を知り、自分を主張する。

われわれフォーラム21・30期メンバーの平均年齢は45・6歳。「黙々と努力すれば豊かになっていった」戦後に育った最後の世代である。フォーラム21に参加し、信頼できる仲間たちを得、議論を戦わせることができたことはわれわれの大きな喜びとなった。その1年間の集大成として、未来の日本へ送りたい提言をこの1冊にまとめた。われわれの議論が、多くの人々の間に議論を巻き起こす出発点になってほしいと願っている。あなたもいっしょに考え、語ろう。日本の未来を決める一員として。

目次

第1章　既定路線と決別し、意識改革から始めよう――25

第2章　教育を変えれば日本は変わる　77

第3章　世界に日本の存在感を示せる人物を創る

4 リーダーシップの礎を築くための教育 136

序章

「かつてない日本」を創る覚悟を

1 大いなる危機に直面する日本

日本は「いままで何とかやれてきたし、これからも大丈夫だろう」「危機感はあるが、どうしようもない」と考える人は多いと思う。しかし、われわれは、そのこと自体にあせりを強くしている。本著の導入にあたって、現在、日本が直面している危機についてのわれわれの認識を共有していただきたい。

分断され、萎《しぼ》んでいく日本

日本の総人口は約10年前、2008年をピークに減少を続けてきた。2015年に1億2709万人であった総人口は、2053年には1億人を割って9924万人になると予測されている（国立社会保障・人口問題研究所「日本の将来推計人口（2017年推計）」による）。日本が直面している最大の〝危機〟は人口減少であり、その結果起こるであろう高齢化と経済停滞である。

2014年に「日本創成会議」が発表した報告書、いわゆる「増田レポート」は、2040

年時点で現在ある約１７００の市町村の半数以上、８９６市区町村が消滅しているとの予測を示し、世の中に大きな衝撃を与えた。人口減少がすでに顕在化している自治体は、地方交付税でなんとか持ちこたえても、その影響はだいぶ現れはじめている。基本的な生活インフラや行政サービスの維持すら難しくなっている北海道の夕張市などの事例は大きく報道されているし、自治体・住民が協力して縮小に耐える「撤退戦」が各地では始まっている。

生産年齢人口（15歳から64歳）は１９９５年に８７２６万人でピークを迎えており、２０６５年には４９５０万人、つまりピーク時の半分近くに落ち込むと予想されている。一方で、加速度がついた高齢化の影響から、赤字国債は社会保障費をカバーしようと、１９９４年以降増大し、２０１６年には債務の対ＧＤＰ比は、先進国で最悪の２３２・４％にまで達した。

改めて確認するのも嫌になるが、過去20年以上、日本の名目ＧＤＰはまったく成長していない。１９９１年に４８１兆９９９５億円あった日本の名目ＧＤＰは、１９９７年に５３４兆１４２５億円に増加したものの、その後はデフレもありこれを上回ることはなく、２０１６年にようやく５３７兆２８９４億円とほぼ横ばいとなった。

少子高齢化は構造的な問題であるが、これが人々にもたらす不安が日本社会を「守り」と

「萎縮」に向けさせているように思える。資金的に余裕のある高齢者は貯蓄性向を高め、ゼロ金利にも関わらず預金はますます増加し、消費には回らない。足下では、人手不足から有効求人倍率が上昇。正規労働者数は確かに増加しているが、非正規労働者数も依然として増加し、貯蓄をしたくてもできない、消費をしたくてもできない層が増えている。景気拡大基調にある現在でさえ、企業は保守的な傾向を強め、投資に資金を回すのではなく、内部留保を積みあげている。リスクを嫌い、既存の枠組みや市場ルールを守ろうとするあまり、新しい市場は立ち上がらず、参入を欲するプレイヤーにも門戸が開かれにくくなっている。他国では次々実現しているビジネスチャンスが日本では生まれにくくなっており、新陳代謝はなかなか起こらない。

日本がこれまで前提としてきた「人口増加」。これが継続的にマイナスに向かうのは、記録に残っている限り歴史上初めての体験である。戦後、この人口増加を前提とした上でつくられてきた社会のシステムは、その前提が変わったことでこれまでの利点が弱点に変わった。いま日本は停滞・萎縮に向けた負の循環に陥っている。

振り返ってみれば、人口減少は10年前にも周知の事実だったし、赤字国債は20年以上前から拡大してきた。未来は予測できていたはずなのに、抜本的な改革はこれまで行われていない。

本来、われわれは、かなり前から人口減少という「変わらないベクトル」と、生産性という

「改良可能なベクトル」をていねいに検討し、手を打っておく必要があった。しかしわが日本は、「いまさえなんとかなればいい」とニヒリズムに陥るか、「日本の卓抜した技術があれば何とかできる」とするかのどちらかで思考を停止したように見える。それでは苦境を乗り越えることはできず、大きな犠牲を強いられるのは未来の世代だ。われわれは、本当に変わることはできず、このまま過去と未来の〝分断〟を許してしまうのだろうか。

先行き不透明、ルールなき世界情勢

次に、日本を取り囲む世界を見てみよう。まず、この図をご覧いただきたい（次ページ参照）。これは、世界の名目GDPに占める各国・地域の割合の推移である。2000年時点では、日本・北米・西欧というわゆる先進国が世界のGDPに占める割合は、ほぼ8割もあった。しかし、それは2030年には新興国、特に中国の急速な台頭により4割程度にまで落ち込むとみられている。

国力は、経済力や外交力、軍事力といった「ハードパワー」と、文化や価値観の影響力という「ソフトパワー」で測る考えが一般的だが、他国との交渉で影響力を示し、社会インフラや国を守る軍事費の負担に耐え、説得力のある価値観を発信してゆくには、前提となるのは一定

世界GDPに占める各国・地域の割合（名目）

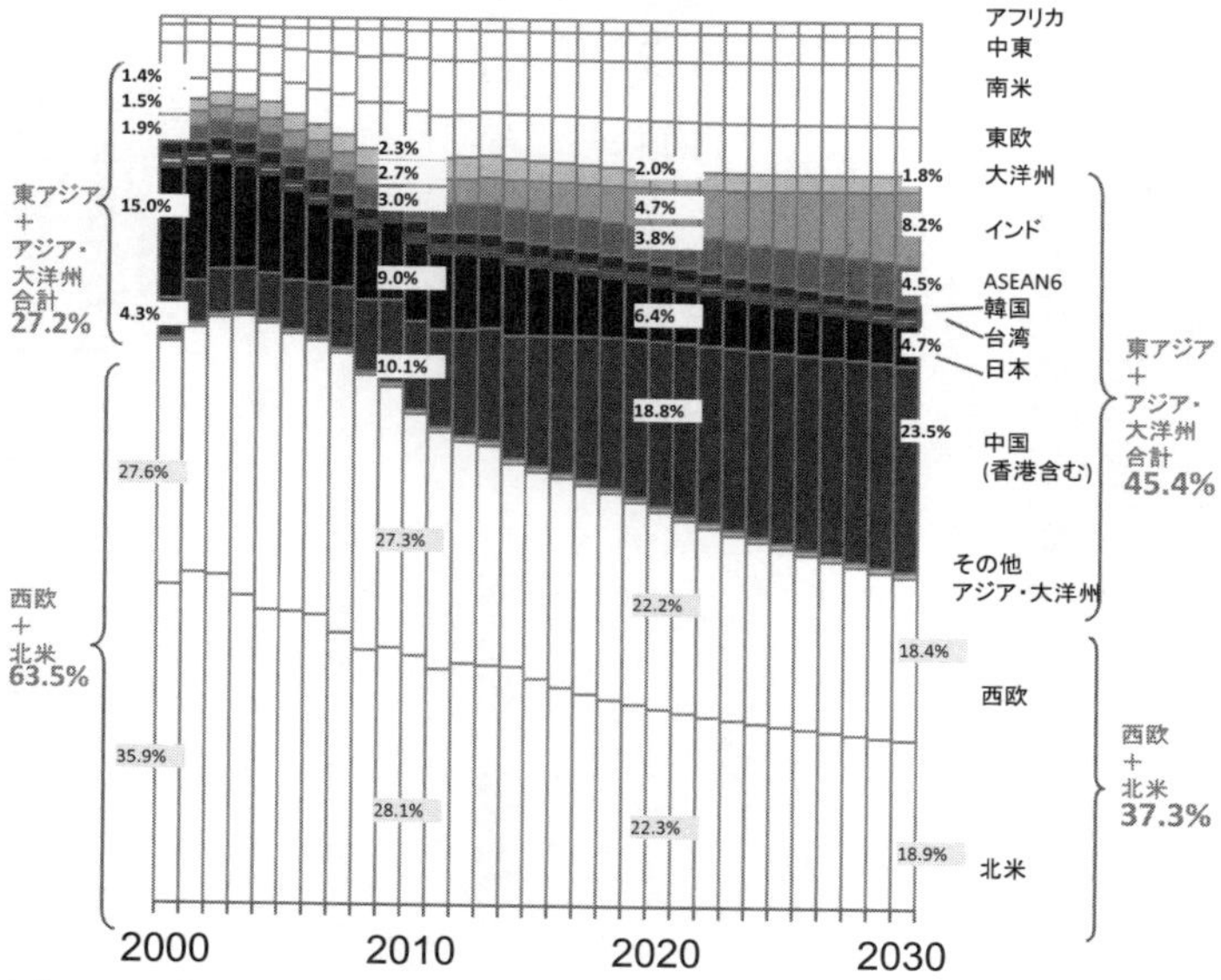

出典：IMF「World Economic Outlook」

の経済力である。

国や地域の経済規模の変化は、国際社会における「パワーバランス」の変化に直結する。２０００年時点ではまだ日本も含めたいわゆる先進国がこうしたパワーをもって国際的ルールをつくり、名実ともに世界を牛耳っていた。しかし新興国の台頭でその相対的な力は急速に縮小し、さらにそのバランスは大きく変化していく。これが今の世界の基本的な構図である。

欧米ではいわゆるグローバリズムにともなう格差の拡大で、恩恵を感じられない層が内向き指向を強め、彼らの支持の受け皿として「ポピュリズム」と評される動きが顕在化した。２０１６年には英国でＥＵ離脱の是非を問う国民投票が実施され、離脱派が勝利する「ブレグジット（Brexit）」が世界に衝撃を与えた。また、膨大な移民の流入の受け入れに寛容であった欧州では極右勢力が台頭、あからさまな移民排斥の動きが強まっている。

同年秋の米国大統領選挙ではトランプ大統領が誕生。「アメリカファースト」のスローガンの下、自由貿易の旗振り役から一転してＴＰＰを離脱。自国産業保護を掲げて、「多くの国を守るルールづくり」ではなく、「2国間の個別状況にあわせた是々非々のディール」を繰り広げる保護主義的な姿勢に変容を始めている。ドイツのメルケル首相が「欧州が米国などの同盟国を〝完全に〟頼れる時代はある程度終わりを迎えた』とコメントしたように、世界はグローバリズムの只中にあるにもかかわらず、個々の国や地域がそれぞれの考え方で対応する〝分断〟の方向に向かっているのが先進国の現状であろう。

さらには先進国においても、生活に希望を見いだせず過激思想に感化されたテロリストが誕生し、テロ事件が頻発している。ＩＳ（イスラム国）などによる悲惨なテロ事件が、先進国、そして世界中に拡大しつつあることは、宗教や民族間の摩擦を増幅させ、世界の不寛容さに拍車をかける。

各国が行き先を探るこの時代、日本は面積では世界トップ4カ国のうちの3カ国である米国、ロシア、中国という超大国に囲まれた、地政学的に見ても極めて特異な場所に位置している。北はロシアと、東は中国と接し、両国との間には領土に関わる緊張関係を抱えている。

2010年に日本を抜いてGDP世界第2位となった中国は、経済力拡大によるプレゼンス向上を背景に、鄧小平がかつて唱えた「韜光養晦《とうこうようかい》」（才能を隠して、内に力を蓄えるという意。当時の中国の外交・安保の方針を示す）を捨てて軍事力を強化し、東シナ海や南シナ海での自国の権益強化の意図を明確にしている。

2016年、ハーグの国際裁判所の「南シナ海仲裁裁判」の結果を無効と表明し、従来の国際ルールに必ずしも従わない姿勢を明らかにする一方、「一帯一路」（アジアと欧州を結ぶ2つの経済圏構想。「一帯」は大陸を経由して欧州につながる「シルクロード経済ベルト」、一路は海路で結ぶ「21世紀海上シルクロード」を指す）など自国中心の新たな独自ルール形成を始めている。

日本にとって大きな懸念材料となるのは中国の圧倒的な軍事パワーである。中国政府は、2016年時点の国防費を9543億5400万元（日本円で約18兆円）と発表した。過去約30年間で実に44倍もの伸びだが、実際の国防費は公表額の2~3倍との見方もある。こうした軍事力増強により、日本と中国との間の尖閣諸島の領有権を巡る緊張は空・海ともに高まっている。２０１６年度の自衛隊機によるスクランブルは１１６０回を超え、その８００回以上が中国軍機に対するものだった。

懸念は中国だけではない。隣にはまったく予測のつかない北朝鮮が存在し、国際社会への挑発、瀬戸際外交を続けている。北朝鮮によるミサイル発射や核実験の回数は相当に増えており、日本は米国とも連携、ミサイル防衛能力を急いで向上させている。２０１７年の4月のある朝、ミサイル発射の情報で通勤電車の運行が見合わされたように、ひと昔前であればフィクションとしか思われない事件が現実に起こり、日常生活にも暗い影を落とし始めている。

これまで数十年にわたって平和は保たれてきた。しかし日本が、地政学的に緊張が避けられない場所に位置することは明らかである。先進国が〝分断〟を起こしはじめ、共通ルールなき群雄割拠の様相を呈しはじめた国際社会にあって、日本はかつてない緊張に直面しながら、他国に頼ることなく自分の道を歩むという覚悟を持たざるを得ないだろう。

産業構造の激変に立ち尽くす日本

ＩｏＴ（Internet of Things）やＡＩ（Artificial Intelligence）技術の加速度的な進化によ

り、世界的に産業構造が激変している。グーグルが開発したＡＩ技術による囲碁コンピュータプログラム「アルファ碁」が、世界最高峰の囲碁棋士に圧勝したことは記憶に新しいが、同社は今後、産業分野でＡＩを使った自社プラットフォームの開発に注力するとしている。

従来、ＡＩはバーチャル世界や産業分野の裏側に存在していた。しかしＩｏＴ技術で日常的に使われる機器がつながり、データがやりとりされる世界が訪れると、これを基盤に新たなサービスが提供され、生成したデータはいわゆるデータプラットフォームに取りまとめられてゆくようになった。今後は、ここにＡＩが組み入れられて、いままでにない可能性が一挙に広がるようになる。

たとえば、グーグルがインターネット検索の膨大なデータを活用して、優れたＡＩをつくっていることはよく知られている。アマゾンは現在、リビングルームに置かれたスピーカーを使い、人が声を出せば音楽再生や空調コントロールなどの家庭内の機器の操作や、日用品を補充する買物の注文ができる「アマゾンエコー」サービスを、米国などで開始している。こうしたサービスを通じてやり取りされる日常の情報すべて、つまりビッグデータを取りまとめることも可能になる。こうしたデータプラットフォームはもちろん、パソコン、スマートフォンを動かすソフトウェアといったサービスの後ろにある共通基盤システムは米国を中心とした外国企業の独壇場となっている。

世界を席巻するアマゾン、グーグルなどのプラットフォームを志向する企業は、シリコンバレーを中心とした米国から誕生した。インターネット検索企業から出発したグーグルは、自動運転やロボット技術の開発を強化し、書籍のｅコマースからスタートしたアマゾンは、利用者の膨大な購買履歴データとその分析技術を核に、あらゆる領域の販売に事業を拡大するだけでなく、クラウドサービスの提供や、最近も全米有数の高級スーパーマーケットチェーンの買収を行っている。

インターネットですべてがつながる世界では、魅力的な企業ビジョンと実績という〝ブランド力〟を持つ企業が、世界中から人材や資金を引き寄せる。こうした企業が、Ｍ＆Ａを通じて優れた企業や技術、人材を傘下におさめ、産業の垣根や既存の規制を超えた新しい市場を開拓してゆく循環が生まれている。圧倒的ブランド力という切り札を競争力の源泉に持つ、こうした巨大企業への世界的な産業の集約は避けられない。

ブランド力のみが日本の弱点というわけではない。先般、科学技術の論文数で米国と中国が圧倒的な上位を占めたとの報道があった。日本はイノベーションを起こす力が弱体化していると言われてきたが、このままではその基盤となる基礎研究分野での競争力維持も危うい。中国は莫大な金額を研究開発分野にも投下している。昔の日本と同様、巨大な国内市場の高度成長期にある中国では、国内市場を軸に企業が国家と協力して新規市場を開発、拡大している。国家的サポートと巨大な自国市場、莫大な資金力を持った中国企業の数々も凄まじい競争力で世界市場に登場してくるようになるだろう。

一方、新しい企業が新市場を開発することが既存産業に大きなインパクトを与える可能性にも注意する必要がある。たとえば、グーグルが先鞭をつけた自動運転技術開発が進むことで、自動車は「単なる移動手段のひとつ」としてコモディティ化する可能性もある。これは、シェアサービスなど、モノの所有にこだわらない現代の生活スタイルとも親和性が高く、既存産業が生産する自動車の絶対数減少にもつながる。

また、資源のない日本を世界に冠たる経済大国へと牽引した「モノづくり」の強みは、系列部品メーカーとのR&D段階からの綿密なすり合わせと、製造現場でのきめ細かな「カイゼン」であった。しかし、日常生活における各種データのセンシングの普及やAIの進展で、従来は職人や専門家によるていねいなすり合わせが必要であった工程で情報が「見える化」され、世界の企業にこの日本の強みが真似される可能性がある。彼らが製品の質の面でキャッチアップするスピードがどんどん上がるのに、手をこまねいているだけであれば、日本が長年つくり上げてきた強みがなくなってしまうリスクもある。

日本はかつて家電やコンピュータの業界で、「高機能開発」の追求に特化して生き残りをはかろうとしてきた。しかしその機能的優位性に限界が訪れ、製品がコモディティ化してしまい、競争力を失うという苦い経験を味わっている。そこに営業戦略の失敗も重なり、日本を代表する大手総合電機メーカーも今や存続の危機に瀕している。パソコンやスマートフォン、ディスプレイを構成する部材や素材の中には、いまもなお日本メーカーが世界的にシェアを維持しているものも少なくないが、それらの部材を組み合わせた最終製品になると日本企業に勢いはまったく感じられない。

日本と同じく「モノづくり」を強みとするドイツは、数年前から情報技術による破壊的なイノベーションに対応するため、「インダストリー4・0」政策を国策として打ち出している。工場の生産段階から最終消費者に製品が届くまでの過程がすべてインターネットでつながれ、膨大なデータが蓄積される新しい環境下での産業競争力の強化策や世界標準づくりが産官学連携と国の主導で行われている。

戦後復興期を経て、世界的大企業となった日本の自動車や家電のメーカーの多くももともとはベンチャー企業であった。こうした企業は高度成長期、米国の提供する安全保障体制下での平和、1億人という巨大で同質的な、未来に向かって成長する人々の欲望をもった国内市場を足場に、製品の絶え間ない機能改善を進めて、大きくはばたき、世界を席巻してきた。しかし安定成長期に入って以降、世界に大きな影響を与える規模を持ち、日本を代表するまでに成長した新興企業の数は多くはない。

ブランド力や巨大国内市場、国家の力といった武器を持つ世界の企業を相手に、日本企業は勝てるのか。いや、むしろ世界で生き残れる日本企業は何社あるのか。これから先を考えた時に、日本企業は戦っていけるのだろうか。

今後立ち現れるであろう世界的な産業競争を目前に、日本企業の現状に対してわれわれは強い危機感を持っている。

2 われわれが考える日本のありたい姿

とはいえ、われわれは日本の将来をいたずらに悲観しているわけではない。日本には、特筆すべきアドバンテージがたくさんあることも事実だ。例えば、世界に誇るべき歴史、伝統、文化、そして勤勉で誠実な国民性だ。外国人が驚くのは、多くの国で宗教が国民の日常生活に浸透し、規律を生み出しているのと異なり、日本では国民の「モラル」自体が規律を生み出していることである。「おてんとうさまは見ているぜ」とは、フーテンの寅さんの名セリフ。昔より薄れたとの声も聞かないわけではないが、広く庶民一般に至るまで、こうしたモラル遵守の意識が共有されている国は、世界的にあまり例がない。

2011年の東日本大震災の時も、暴動も起きず平静と秩序を保ち、相互を思いやり助け合う日本人の姿が、世界中から大いなる賞賛を浴びた。そもそも、個人主義や利己主義などが日本人の内面に芽生えるのはだいぶ後の時代になってからで、公に対して貢献するという古来から根強くあった価値観があり、危機に瀕してこれが自然にわき上がったのではないかと考えられる。

高い教育水準がもともとあり、鎖国の江戸時代から明治維新を経て、急速に欧米列強に伍す存在となったが、これは世界にも例を見ない奇跡である。第二次世界大戦後こそ米国を中心とする連合国の統治下におかれたものの、アジアの主要国で、一度も欧米列強の植民地とならなかったのは、タイと日本のわずか2カ国しかない。過去にこうした「歴史」を持つ日本が持つ「未来」の可能性は大いに期待しうるものである。

2050年、子どもも大人も皆が力を発揮できる国へ

いまの子どもたちが現役世代の中核になる、2050年を想像してみよう。このままいけば、人口は1億人程度まで減少し、65歳以上の人口が4割近くに達する。100歳以上の人口もいまの7万人から53万人と8倍近くに増える。しかしこの状況も、これから本気で手を打っていけば暗い面ばかりではない、とわれわれは信じる。予防や治療に関わる医療の技術と運用体制のイノベーションが進み、社会保障費の抑制との両立ができれば、「人生百年時代」を謳歌し、高齢者がそれぞれの持ち場で自分の能力を発揮することも十分可能だ。健康で、現役として働く期間が長くなれば、生産労働人口の減少を補うこともできる。AIなどの技術活用と「働き方改革」で――もちろん、労働時間短縮だけに終始する働き方改革ではまったく意味がない――生産性が高まれば、GDPの維持・拡大も十分実現できる。

女性が働きやすい環境が整い、また、若手や現役世代への十分な支援の仕組みが整備されていれば、仕事をいったん休む期間を置いたり、事業に失敗しても再びチャレンジすることができる。そういった環境があれば、自らの能力を信じて大企業を飛び出し、ベンチャー企業を興す人材も多く出てくるだろう。起業やイノベーションへの活力が高まり、人々の生活が変わる一方で、国や企業も一体となってこれを応援する。さらに、競争力を失って役割を果たし終えた企業が淘汰され、社会の新陳代謝ができれば、人材の流動化は加速し、国内と世界の市場での日本の産業や企業の競争力は高まる。海外から「こんな日本に住みたい」「活力ある日本で働きたい」という外国人をも惹きつける国になれる。

大人が自らの能力に応じて役割を果たせる社会では、子どもたちも将来への夢を持ち、その実現に向けて努力するだろう。

そんな社会をつくるためには、すべての日本人が時代を生き抜くための教育をきちんと受けることで、国を支える「分厚い中間層」が形成される必要がある。そして、その中間層の中から、切磋琢磨してリーダーとなる人々が育たなければならない。彼らが世界をフィールドに活躍するようになり、モラルを持って社会へ奉仕する姿勢を維持できる社会が形成できれば、能力と夢を持つ子どもが、金銭的理由で高等教育への進学をあきらめる必要のない全員参加型の社会が実現できる。こうした社会では経済的事情から結婚をためらったり、子どもを持つことに不安を感じる人々が減り、出生率減少にも歯止めがかかる。現在とは真逆の、正のサイクルを生み出すことができる。

「経済が停滞し、人口が減っても、一人ひとりが幸せな国ならいいじゃないか」と言う人もいる。申し訳ないが、そんな考え方はあり得ない。日本はエネルギー資源や食糧の大半を輸入に頼っている。経済が縮少し、産業の競争力を失ったら、どうやって外貨を稼いで、輸入する資源や食糧の支払いに充てるのか？　将来を担う子どもたちが、「お父さんの時代の昔の日本は良かったらしいよ。それが今は……」と過去ばかりを振り返る「アジアの二等国」になんて決してしたくはない。

われわれが考える「ありたい日本」は、過去の日本のどこかに戻ることでは決してない。単に「良かったころに戻る」という後ろ向きの話では進歩がない。過去の強みを活かしつつこれから起こりうる環境変化にたくましく対応し続け、その上で輝く、「かつてない日本」が求められているのである。

〝分断〟する世界をつなぎとめる

この「ありたい未来の姿」は日本の中だけに限ったものではない。いま世界は、民主主義が揺らぎ、ポピュリズムが台頭し、民族間あるいは宗教的な対立が強まる〝分断〟の方向にある。これに対し、日本が持っている強みや優れた価値観、それに裏づけられた実績をかたちにし、説得力を持って発信できれば「分断する世界をつなぎとめる」価値を提示する存在になれるのではないか。

グローバル民主主義など、西欧的価値観に追随してきた戦後日本。米国が変化し、欧州も内向きになる今は、自らの価値観を主張するチャンスであるとも言える。積極的に自らの価値観を発信し、世界の秩序の構築や維持に貢献する時代がやってきたのである。

そのためには、しっかりした「経済力」を土台に、強い「政治力」「外交・安全保障力」「社会・文化力」の発揮が不可欠だ。「政治力」を発揮するには、たとえばリスクを取れる安定した政治基盤と、国際協調をファシリテートしながら、世界の平和と繁栄の実現に貢献できる実力を身につけなければならない。「外交・安全保障力」に必要なものは、たとえばアジア・太平洋地域の安定に主体的に寄与する防衛力の保持であり、新興国に対する安全保障面での積極的な能力構築支援である。「社会・文化力」の発揮のためには、日本人が自らその価値観を再

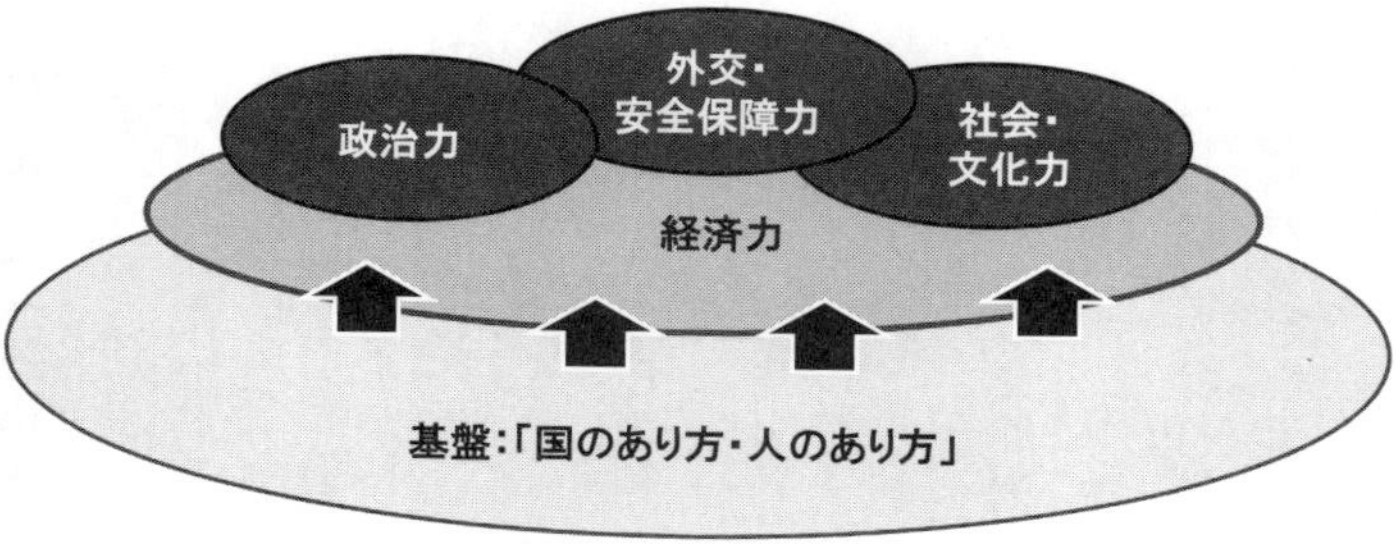

確認し、日本人が世界で活躍することを通じて、それを世界に発信しなければならない。そのためにはこれを可能にする体制づくりが必要である。

世界に覇を唱えようと言っているわけではない。過去の反省も踏まえ、決してそうであってはいけない。しかし、経済規模も含めた、世界における日本の〝重さ〟を意識すれば、世界から期待される役割や責任から目を背けることはできない。では日本に「分断する世界をつなぎとめる」力は本当にあるのか。

われわれが拠り所とできると考えているのは、日本人が本来保持しているはずの価値観である。過去の歴史的・文化的に培った財産を自らの内に探し求め、それを十二分に発揮することで、日本は自国の国益を毅然と守りながら、高齢化問題や格差是正といった世界が抱えるさまざまな課題を解決できる、とわれわれは信じる。その実績を世界に知らしめ、個々の問題の解決や世界の平和の実現に貢献する。世界から尊敬され、世界の中で輝く。そんな日本でありたい。

待ったなし、新しい「国創り」「人創り」

こうした、ありたい姿と現実との間には、残念ながら大きなギャップがある。日本は実際には「経済」「政治」「外交・安全保障」「社会・文化」のそれぞれで容易には解決できない課題を抱えている。それらの課題を一つひとつあげつらうことはここではしないが、その解決には「制度・システムの変革」はもちろんのこと、旧来の制度・システムを維持し、変化を先送りしてきた日本人の「意識の変革」が不可欠である。

たとえば、財政がこれだけ悪化しているのに社会保障費増大に歯止めがかからず、決定しているはずの消費増税が先送りされるのは、政権がリスクを取りたがらず、それを支持する一定の〝民意〟があるからである。社会保障は、現役の若年層に比べて高齢者層に圧倒的に厚く、「シルバー民主主義」とも呼ばれる状況が訪れている。

また、国民のデータを一元管理し、円滑な行政実務につながるマイナンバー制度が遅々として進まないのは、「国民が番号で管理されると政府の支配を招く」といった漠然とした「不安感」が国民にあるのが大きな原因だ。

制度が常に正解である保証はどこにもない。ある制度の導入をすることでどういったメリットやデメリットがあるか。具体的にどこまでが〝安全〟なのか。導入時に騒いだあげく、時間が経つと後は専門家に任せる――不安を棚上げにしたまま知らぬふりを決め込むのではなく、われわれも制度の運用を見極め、それを磨き続ける方法について議論するべきではないか。

しかし現実は、定量的に測れる〝安全〟ではなく、測れない〝安心〟に関心が集まり、これを一部のメディアが煽る。批判的で冷静な受け止め方ができない世論がそれに反応しさらに問題を煽る。事実にではなく、感情に寄った議論の悪循環で、取り組むべき改革がどんどん先送りされてゆく。

「制度・システムの変革」と「意識の変革」を同時に進めること。これを実現するには、新しい「国創り」「人創り」が欠かせないとわれわれは考えた。そして、この「国創り」「人創り」の根底をなすものとして「憲法」と「教育」がある。

2017年は日本国憲法施行70周年にあたり、従来はタブーとされてきた憲法議論が、多様な視点でなされるようになった。教育分野でもほぼ10年ぶりに大きな学習指導要領の改訂が行われる。こうした変化は偶然ではない。われわれはこのチャンスをとらえて、多くの日本人が2050年を見据えた日本の課題を考え、また自身の意見を確立するきっかけにしてほしいとの思いがある。

世界は激変しており、これまでの〝当たり前〟が、まったく〝当たり前〟ではなくなる時代になっている。新しい〝当たり前〟をつくるためには、タブーなく、真剣な議論を重ねなければならない。日本に残された時間はそれほど多くないし、手をこまねいていれば選択肢はどんどん狭まっていく。何かを選択するためには何かを捨てる必要がある。資源を持たない日本で、人やお金を何にかけ、何を捨てるのか、その優先順位をつけようとすれば、既得権を持っている人にさまざまなかたちで痛みを与えることもあるであろう。

本書では、２０５０年の未来を見据え、こうした議論を経たわれわれの「提言」を記した。まず第1章では国を支える力の根源である「日本経済の復活」のための提言を。続いて第2章ではその国のもととなる「人創り」のための「基礎教育」、連動して第3章では「トップリーダーの教育」を論じる。そして最後の第4章では、「国のかたち」を根本的に定義するものとしての「憲法」についての提言を行った。

問題を先送りすることなく、協力して「かつてない日本」を創るために、いま何を行うべきなのか。今後の日本を考えるためにわれわれの提言が少しでも参考になれば幸いである。

第1章

既定路線と決別し、意識改革から始めよう

第2分科会◉テーマ：日本経済

1 いままではイノベーションは生まれない

国際社会のゲームのルールは激変している。多くの根源となる経済の復活のためにいまこそ日本企業には成長を実現する力強さが求められている。にもかかわらず「失われた20年」以降、残念ながらあまり大きな変化は見られないように思える。なぜだろうか。

変革の足を引っ張っているもの

日本の産業は高度成長期の成功体験を踏襲する傾向が強い。戦後間もない混乱期、日本経済復活と豊かな生活の確立に向けて当時の創業者たちが、必死に新しい製品の開発やサービスの向上に励み、成功の果実を手に入れた。その強烈な体験が後の企業社会に、ある種の定型的な行動パターンをもたらしたと言っても過言ではない。

企業の成長サイクルを考えた場合、創業期から成長期、安定期へと移行するなかで、企業は抜本的に仕組みを変えたり、新しい市場を開拓するといった変革を志向するのが一般的だ。手を打たなければ企業の寿命は30年とも言われる。脱皮しない蛇は滅びるのである。ところが、強烈な成功体験があったばかりに、日本の企業は挑戦することではなく、これまで得意としてきた領域の追求とそれを維持できる仕組みの再生産に力点を置くようになった。人材の流動性を例にあげても「新卒一括採用」、「終身雇用」、「年功序列」といった、20年前までの大きな経済成長を支えた成功体験から脱却できずにいる。

高度成長期を経験した経営や組織は、未来のビジョンをしっかりと持ち、革新的な心の持ち主でなければ、過去の成功を守るために保守的になる。企業や組織のミッションはいつの間にか以前の成功の踏襲になり、改善の努力は過去の経験を洗練する方向に向けられる。もちろん、これが有効な時代、日本のやり方が世界市場で非常に強い影響力を誇る時代が確かにあったのは事実である。

しかしその後、世界は大きく変化を始めた。たとえば、製造部品はモジュール化され、新興国が安い人件費で生産を行う。基本機能のみの製品がまったく新しい消費者視点のコンセプトデザインを身にまとい、大きな売り上げを叩き出す。また、製品自体ではなくそのサービス規格が課金対象になるなどの「ルール変更」が突然起きる。そうした事態に対して、「頭ではわかっていても、即座に対応できない」不甲斐ない状況が生まれているのだ。

自らを取り巻く環境を敏感に察知し、その変化に合わせて、アメーバーのように自由自在に変化しなくてはならないのが、企業のはずなのにだ。

内向き志向が蔓延する日本

戦後、高度経済成長を駆け抜け、がむしゃらに豊かな暮らしを求めて、猛烈に働いた日本人の姿もいまは昔のものになりつつある。黙っていても自然にモノがあふれ、便利になってゆく生活に、安穏とした平和な暮らしを送るようになった。

これと引き換えに、新聞報道によれば、日本から海外に出る留学生の数は減少し、新入社員もまた国内勤務志向が高まっている。内向き志向が顕著となり、起業家を目指す人も間違いなく減っている。ある調査では、企業数全体に占める開業率の割合は米国の9・3％やフランスの18・7％に比べて、日本は4・5％とかなり低いレベルにある（経済産業省調査2015年）。

新しいチャレンジに対するこの差は一体、何なのか。理由はさまざまあるだろうが、国をあげての起業支援もあまり目立つものはなく、ひとたび起業しようとしても調達資金の多くは自己資本となり、金融機関から借り入れをしても個人保証を求められるなど、ベンチャー企業をサポートする体制が整っているとは言えない日本の現実がある。もっと言えば、「意味のある失敗は認められる」という社会的な理解がなければなかなかチャレンジしにくい。人生のリスクを考えて多くの人が二の足を踏むのは当然である。

新しいトライアルを目指す優秀な人材であれば、努力に見合う対価が支払われ、規制も少なく、より起業しやすい欧米や中国、シンガポールに向かうはずだ。国境を越えた移動も容易ないまの時代、彼らが日本を選ぶ理由は少なく、いや、冷静に見ればほとんどなくなりつつある。これでは優秀な人材が流出するだけである。では、諸外国からの高度人材の受け入れはどうかというと、残念ながら日本は他の先進国と比較しても少ない。

また、経済成長の低迷は、購買力減少と内需の縮小につながり、日本経済の先行きの不透明感は需要の喚起を引き起こせない。さらに産業構造の比重が製造業から、これに比べれば生産性が低いとされるサービス産業へシフトしつつあることに加え、経済低迷にともなって企業の内部留保の拡大が進み、新しいイノベーションのための投資が不十分になるという負の連鎖を断ち切れない。日本の内向き志向は産業社会全体に及んでおり、イノベーションの促進が進まないのも当然である。

このように、日本の改革はまったなしの状況である。いまわれわれが真剣に向き合わなければならないのは、多様な働き方やダイバーシティも実現する、仕事の質に本質的に切り込む働き方改革、雇用の流動化、既得権益の打破など、変化に対し柔軟な対応が可能な「社会の仕組みづくり」だ。そこから、企業経営者や社会、そしてわれわれ一人ひとりの「意識改革」につなげて、世界で通用する人材の育成へと結びつけなければならない。

2 日本再生のキーパーソンを求めて

変わりゆく世界の中で、日本が生き残る道を見つけることは容易ではない。旧来の成功体験を捨て、新しい市場を創出するには、既存の発想の限界を超え、トライ&エラーのサイクルをスピーディに回し、その成果を見極め、時機を逸することなく実行に移すことが必要だ。これこそが「イノベーション」の創出であるが、残念ながら欧米と比較して、このイノベーションは日本企業の不得意な分野とされており、世界経済フォーラムで発表している「イノベーションランキング」の2017年版でも過去数年キープしていた4、5位からスウェーデン、ドイツなどに抜かれて8位にダウンしている。

しかし真剣に探せば、日本にも前向きにチャレンジし、イノベーションを起こそうとしている人や企業はたくさん存在する。

技術に経営をつなげる――東京大学エッジキャピタル

東京大学発のベンチャーキャピタル「東京大学エッジキャピタル」。大学発ベンチャーの代表例として必ず取り上げられる企業である。社長の郷治《ごうじ》友孝氏は通商産業省（現・経済産業省）に入省、スタンフォード大学へ留学した後、「日本でも米国のように、技術の種から新しい産業を生み出すベンチャーの力を活かす仕組みをつくるべきだ」と考え、安定した職を辞して同社に参加したという経歴の持ち主である。

東大エッジキャピタルはさまざまな大学にある有望な研究成果を商品化、企業へと成長させることを目標としている。このために同社は技術の見極めから経営サポート、必要な資金提供までを自社で行う、あるいは外部から手配することでこれを実現している。

基礎技術の発見のために同社の強力なパートナーになるのは、東大にあるＴＬＯ（Technology Licensing Organization 技術移転機関）という組織。東大の持つ研究技術や発明の商品化に有望なシーズを探し、実用化に向けて知財化するための「目利き」をする役割を持つ。東大エッジキャピタルは東大に限らず幅広い大学と連携をしているが、東大TLOと関係が強いことは彼らの大きな強みでもある。

ビジネス化については、エッジキャピタル自身が行う場合もあるし、その技術に最適なプロの経営者を紹介する場合もある。未知の分野のビジネスを行う経営者を探してくることは簡単ではないが、さまざまなネットワークを駆使して常に適した人材を探索しているそうだ。

事業資金としては投資家から出資を募るが、一般的にベンチャー企業投資は、成功の確率が低く、十に一つが当たれば良い方だと言われる。その一つが大きく当たることで、他の投資を回収することになるが、成功する場合でも7～10年程度とかなり時間を要するため、忍耐が必要とされる仕事ではある。欧米や中国と異なり、日本では、ベンチャー企業に資金提供する投資家はまだまだ少ない。東大エッジキャピタルも最初はファンドの資金集めについては、苦労がかなりあった。

このような苦労を経て誕生した企業に、バイオ医薬品企業のペプチドリームがある。同社は、2013年に上場を果たし、現在では時価総額2000億円程度、東大発ベンチャーとしてNO・1の地位についた。2016年には「日本ベンチャー大賞（内閣総理大臣賞）」（経産省・ベンチャー創造協議会等主催）も受賞している。「ペプチド」とは、製薬の材料で、抗がん剤を病巣に誘導したり、病巣を発見するマーカーの役割を果たすものである。東大大学院の菅《すが》裕明教授が行っていた研究技術に対して、遺伝子診断のベンチャー企業を経験したこともある窪田規一社長を招聘して技術の発展と経営の両輪で活動を開始。従来、薬に使うペプチドは自然にあるものを偶然見つけることしかできなかったが、菅教授の研究によって人工的に、しかも無限に生成できるようになり、創薬の世界で革新的な役割を果たすことになった。

また、同社以外にも、産業ロボットの知能化を目指すＭＵＪＩＮ、マイクロ波で材料製造に革新を起こすマイクロ波化学工業、緑内障用の視野計のクリュートメディカルシステムズなど、東大エッジキャピタルは続々と新しいベンチャー企業を立ち上げている。

「出資基準は、科学技術で社会に変革を与えること」

郷治社長は自信を持ってそう語った。彼の投資先は、社会を間違いなくよい方向に変えることだろう。成功の実績が共感を呼び、いままで見つかりにくかった出資者が徐々に増えつつあるという好循環が起きている。最近では、民間企業でも各種のベンチャーファンドが立ち上がり、新産業を起こそうという胎動が始まりつつある。

埋もれた研究や技術を磨き、新市場と夢を生み出す――ユーグレナ

同じく東大発ベンチャーで有名なユーグレナの永田暁彦取締役に話を聞いた。東大発のベンチャーとしては、前述のペプチドリームに次いで時価総額で2番目の企業である。社長の出雲充氏が東大の学生時代にバングラデシュを訪問した際に、現地では栄養失調の人があまりにも多いことを知り、何とか救いたいという思いから、栄養価の高いミドリムシを食用にすることを目指して立ち上げた会社である。

ミドリムシの栄養価の高いことは昔から知られており、長年多くの研究者が研究し、さまざまな成果はすでにあったが、大量培養が非常に困難であったことから商業化は断念されていた。しかしユーグレナはあきらめることなく大量培養の方法を研究し続け、研究者たちにも熱心に教えを乞うた。

当初は情報提供を渋る人もいたようだが、徐々に変化が見られた。研究者も「自分の研究の成果を世に出したい、そのためにはこの熱心な若者にかけてみたい」と思うようになったのだ。研究者たちの研究内容をじっくり見てみると、そこに成功のヒントが隠れていた。各研究者が個別にいろいろな方法で実験をしているのに対し、ユーグレナはそれらを横断的・俯瞰的に見て、さまざまな組み合わせの試行錯誤を繰り返したという。そしてついには、屋外での大量培

養への道筋をつけることができたのである。

現在では栄養補助食品から飼料、燃料まで幅広い領域で商品化・産業化を実現し、栄養価の高い食品として、また美容用として、すでに飽和したと思われていた国内マーケットを活性化している。大学や企業の研究室で埋もれてしまっている研究成果が、おそらく数多くあるだろう。それらを発見しオープンにすることで、同じように新市場を生み出せる可能性が大いにあると思われる。

ユーグレナにはもう一つの夢がある。2020年のオリンピックまでに、世界的には一般的になりつつあるバイオジェット燃料を国産でつくり、飛行機を飛ばすという夢だ。それに向かい、さまざまな企業とコラボレートし、思い切った投資を行っている。また、「自分たちの経験をベンチャー企業支援に活かしたい」という願いから、テクノロジーベンチャーに特化したファンド投資へ自己資金を振り向けている。ユーグレナの挑戦に限りはない。

労働力不足をテクノロジーで救う――Ｕｂｅｒ Ｊａｐａｎ

皆さんもよくご存じのＵｂｅｒ Ｊａｐａｎの髙橋正巳社長を訪れ、日本での新産業の展開について話を伺った。

Ｕｂｅｒはそのビジネスを全世界で77カ国、６００を超える都市で展開している。総利用回数は50億回を突破。「ボタンを押すだけでタクシーがやってくる」というコンセプトを徹底し、利用者はスマホの配車アプリを使うことでいつでもどこでも配車サービスが受けられる。一方、運転者は空いている時間に、車庫に眠っている車を有効活用し効率的に稼ぐことができる。利用者と運転手の両方のニーズを効率的にマッチングさせて、利用者にサービスを、運転者に仕事を提供する点にこのビジネスの核心の一つがある。海外出張が多い同僚は、「Ｕｂｅｒなしではもはや生活できない」とまで言っていた。

労働人口の減少から人手不足が深刻化する日本、特に地方ではバスやタクシーのサービスにも事欠いている。いまのところ、東京や大阪でタクシーがつかまらないという事態には至っていないが、将来はわからない。労働力不足を補うという意味でも、ＵｂｅｒのビジネスモデルはＵ有効である。

また、Ｕｂｅｒの特徴の2点目は評価システムにある。乗車した後、利用者と運転手の双方がそれぞれ評価を行い、その評価は、次に利用したい利用者と利用されたい運転手の双方が確認できる。そのため、評価が低いと利用されなくなるし、運転手側からも拒否が可能である。このシステムを通じて、サービスの質と安全性が担保されるのである。

利用者自身による信頼度評価がビジネス成立の根拠となるのは、こうしたタイプのサービスの一般的な特徴である。インターネット上では、たとえば飲食店の評価点数やオークションでの出品者評価などを提供するプラットフォームがすでに存在し、われわれもよく利用している。これは、サービスを供給する側からみると、ビジネスの〝信頼〟の拠り所としていた既成の法令や業界規制とは異なる新しい基準が表れたという点では、脅威となる可能性をはらんでいる。いわゆる「規制業種」ではなおさらであろう。

「シェアリングエコノミー」はいま、利用者の利便性とサービス信頼性の担保が公的監督・規制によってなされるべきなのか、自由な民間システムによってなされるべきなのかという大きな問いかけをしていると言える。

圧倒的な付加価値をつくり出す――東レ・石川工場

日本の製造業の未来を考えるために、東レの石川工場を訪れた。日本の製造業は長い歴史をもち、環境問題やエネルギー問題などさまざまな課題を解決しながら、技術優位性を獲得してきた歴史をもつが、1990年代以降、生産拠点の海外移転が続く中で、国内産業の空洞化が叫ばれるようになり、相対的にその優位性を失う事態となった。そうした中で、日本は久しく単純な労働集約的なモノづくりから、付加価値型のモノづくりへと転換する必要があると言われており、そのヒントを探しに同工場におもむいた。

東レの石川工場は、1975年に操業を開始、現在では、ナイロン長繊維、ポリエステル長繊維、炭素繊維「プリプレグ」を製造している。約40年前の設立時から無人化を徹底的に図る目的をもって設立され、現在もその趣旨で工場の運営がなされており、確かにわれわれが工場内を見学した際にも、工場内のほぼ無人のフロアをいろいろなロボットが自動で動いていた。約40年も前から無人化、省力化を図り、生産性の向上に努力していた日本の製造業の底力を感じることができた。

ナイロン長繊維、ポリエステル長繊維とは一般にはなじみが薄いが、ユニクロのヒートテックやゴルフウェアに使われている保温性が高い、汗がつきにくい繊維といえばイメージが湧くだろう。単純な繊維商品だけでは、価格競争に巻き込まれてしまう。いかに吸水性が高いか、乾きやすいかといった高付加価値が競争力の源泉であり、これが評価され、多くの企業で採用され続けている。

また炭素長繊維の「プリプレグ」は、ロケット、飛行機、車やゴルフクラブのシャフトなどのスポーツ用品にも使用される繊維で、重さは鉄の4分1のだが、強度は鉄の10倍という超高性能を誇り、シェア51％、世界NO・1になっている。競争力が高いこの製品を生み出せた秘訣として、同工場の製造部長は次の4点を挙げてくれた。

①「長期の研究開発をする」という経営の意思があったこと
②ポリマー繊維製造の基礎技術が確立されていたこと
③航空機、スポーツ用品メーカーといったパートナーと強力な関係があり、その厳しい要求に応え続けたこと
④研究開発に対して政府からの支援が利用できたこと

企業が強くなるための王道は、市場から支持される圧倒的なNO・1商品を提供し続けることである。それには長期の研究開発投資が必須であり、経営者、従業員、株主、債権者など、企業にかかわるステークホルダーすべてがそれを理解し、継続して取り組むことが最も大切である。

新しい芸術品を地方都市から世界へ発信——輪島の北村工房

地方に目を向けてみよう。石川県輪島で起業家精神を持ち合わせた漆芸家・北村辰夫氏に会うことができた。北村氏は、輪島漆器に従事後、現代技法に満足せず、古典技法の研究を始めて、独自に制作を開始した。「過去から培われてきた技術の集約も大切。できるかできないかは別として、再現することで技術の習得ができるはず」と考え、戦後に失われてしまった高い制作技術が必要な「印籠」の作り方を試行錯誤のもと、3年をかけて再現した。この圧倒的な技術を有することで、欧米の美術館でニーズの高い日本の伝統工芸品である漆器修復も手掛けている。

また、工房を開き、漆芸に関する高い基礎技術を持つ若者たちを教育し、彼らとともに国内外市場に向けた仕事を行っている。漆器の技術だけを残せばよいということではなく、漆器を作るためには素材や道具作りの技術も一緒に残していかなければ、伝承することはかなわない。そのような大きな使命のもと後継者育成にも励んでいる。

北村氏の凄いところは、これまで脈々と受け継がれてきた輪島塗の伝統やしがらみにとらわれることなく、日本という枠を超え、世界を意識して、新しい輪島の芸術品を発信する力である。培った古典漆芸技法を駆使して、腕時計の創作も行っており、スイス・バーゼルで開催さ

漆技法を使った印籠と腕時計。
いずれも北村辰夫氏の作品（写真提供：北村工房）

れる世界最大規模の時計と宝飾品の展示会『バーゼル・ワールド』に出品されている。腕時計の文字盤上にある「時」や「分」を読み取るために配置する棒状のパーツである、インデックスバーを装着できる漆文字盤を制作することができるのは、世界中探しても、この北村工房しかない。だからこそ芸術的に価値が高く、世界の富裕者がこの逸品を手にするために、日本の地方都市である輪島に訪れるそうだ。

「技術を取り入れ、新しいものを創っていくのは、他の企業も同じ。いろんな勉強をして情報を得ないと世界では戦っていけない」と北村氏は語る。目の前にある美しい作品を拝見し、これらは飽くなき挑戦心と日々の鍛練の賜物であると強く感じた。

北村氏の試みは、従来の伝統工芸の世界では「規格外」とみなされることもあるだろう。しかし伝統をしつかりと受け継ぎながら、かつて見たこともない新しい美を生み出そうとする探求心とチャレンジ精神は、企業人にとっても大いに見習うべき姿勢であると思われる。

経済復活のヒントがあふれる中国・深圳

国内でエネルギッシュに活躍している企業を訪問しているうちに、世界にはまだわれわれの見たことのない元気な企業があるのではないかという疑問が湧いてきた。メンバーの一人が、「アジアのシリコンバレー・深圳を見てみよう」と言った。「世界の工場」というイメージはあったが、最近はどうやらベンチャー企業も活躍しているらしい。早速われわれは深圳を視察することにした。

最初に訪問したのは、ベンチャーアクセラレーターのＨＡＸ。「ベンチャーアクセラレーター」とは、ファンドのようにベンチャー企業に資金を提供するだけでなく、研究成果やアイディアの商品化を支援するために、販売、経理、法務などの領域でも経営を軌道に乗せるところまで起業全体をサポートする組織である。ベンチャー企業はアイディアや熱意はあっても、資金や経営のノウハウがない。それをトータルで支える存在となっている。

ＨＡＸは２０１１年にハードウェアに特化したベンチャー支援企業として設立。将来性のあるプロトタイプ（新製品の原型となるもの）を持つチームに対して、さまざまな分野のエキスパートがアドバイスを与え、わずか１１１日の間で起業させることを目的としている。ＨＡＸが投資したスタートアップの生存率は、２年後で70～80％であり、世界の平均よりもかなり高いそうだ。ベンチャー企業候補は自分のアイディアで応募し、当選すると起業のチャンスが与えられる。現在すでに、シリコンバレーと深圳がベンチャー企業の活動の聖地となっていて、どちらかのアクセラレーターに応募するのが普通になっている。

ＨＡＸは当選したベンチャー企業に、10万米ドルの資金を提供し、代わりに９％の株式を取得する。成功すればＨＡＸも儲かるという仕組みだ。同社やその周辺に存在する人々が、起業に際してキーとなる技術開発や財務、マーケティング、生産ソーシングなどでそれぞれの領域の専門家が支援アドバイスし、総力戦で起業まで持っていく。すでに起業を成功した先輩たちがメンターとしてアドバイスや叱咤激励を行う。

応募者は、さまざまな支援を受ける代わりに、１１１日で結果を出さなければ退場となり、厳しいチャレンジでもある。ＨＡＸでは数多くの人にインタビューを行ったが、中国人はむしろ少数派で、世界中から気鋭の起業家たちが集結した国際色豊かな現場であった。

失敗する人も多く、いわゆる「多産多死」ではある。失敗を恐れないベンチャーアクセラレーターやベンチャーキャピタリストが深圳にあふれていることに驚きを隠せなかった。

次に、電気自動車のＢＹＤを訪問した。ＢＹＤは、１９９5年、電池メーカーとして起業し、その後、携帯電話用の充電池を供給、２００3年から電気自動車製造に乗り出した。急拡大する大気汚染問題に直面する中国地方都市の排気ガス規制に対応することで、この電気自動車ビジネスを拡大。企業として大きく成長した。２０１6年にはモノレール事業にまで進出している。ＢＹＤグループ全体で、社員は22万人、売上高は２０１7年（見込み）でほぼ2兆円だそうだ。

最も驚いたのは、わずか20年程度で、一介の電池メーカーが、世界中の業務用電気自動車やモノレールを作ることができる企業へと成長したことである。その驚くべきスピードとバイタリティには脱帽する。

技術力そのものは、蓄積のある日本が持っているものと大差がないか、あるいは日本のほうが優れている印象を受けた。しかし日本には、彼らが有する事業化へのバイタリティと行動力がない。ＢＹＤに転職した日本人技術者がいた。彼は「日本企業は技術自体いいものを持っているのに、事業化となると二の足を踏む。規制やリスクチェックも厳しく、まずはやってみるということが少ない。深圳では、やってみることが当たり前となっていて、本質的な違いは実はそれだけなんですよ。日本は、いいものを持っているのに生かせてないいんですよね」と、少

DJIの本社ロビーと同社のドローン

し切なそうに話していたのが印象的だった。

最後に、ドローンを開発しているＤＪＩを訪れた。従業員は現在、８０００人。この分野では世界シェアＮＯ・１。民生品ではシェア７割を占める。実際に操作させてもらったところ、その技術力に驚嘆した。飛行の安定性、操作性、カメラの精度など、膨大な実証データに基づいた技術はどれをとっても間違いなく一流である。「中国はまだまだ。技術力では日本の方が上だ」と考える日本人は多いように思うが、すでにそうではない分野があることに思い致さなければならないと強く感じた。

２００６年にわずか20人で創業したＤＪＩであったが、彼らはすでに世界企業である。当代一流のハードウェア製品を短期間に作り上げる力、一気に世界のマーケットを席巻する能力には驚くばかりである。

他にもファーウェイ、テンセント、ＺＴＥなど、深圳では世界規模の新興企業が勃興している。その現実にやや圧倒されたが、深圳のこの成長は、まだわずか10年であると思い直した。ＤＪＩの持つ技術力であれば、日本にもまだまだ勝機がある。ＨＡＸのようなベンチャーアクセラレーターとも戦える東大エッジキャピタルが日本にも出現しつつある。ＢＹＤのもつバイタリティは、かつてはソニーやホンダなどが持っていた、日本のお家芸ではなかったか。

われわれは暗闇の中にいるわけではない。前を向いて行動を起こせばいいだけだ。失敗しても、また別の方向を模索すればいい。

では、そのための条件とは何か。イノベーションを起こすために必要な仕組みをどうつくっていくか。どうすればこれをサポートする意識変革、マインドセットができるのか。この2点に焦点を絞り込んでいきたい。

必ず、日本経済復活のシナリオが見えるはずだ。

3 日本経済復活へのシナリオ

なぜ日本では最新の技術を活用し、より新しい商品・サービスを生み出すイノベーションが

日本社会におけるイノベーションを推進するための5つのポイント

	①人材	②技術・アイディア	③ビジネス化	④パートナー連携	⑤社会の仕組み
仕組み	●教育制度 ●若年層の登用	●若年層の研究支援 ●大学・企業内部に眠った技術の発見	●技術・ビジネス人材の交流・組織 ●多様な主体が参加する「場」づくり	●産学官の連携 ●規制の捉え直し	●人材流動性 ●「学び直し」支援
マインドセット	●年功序列の打破 ●日本イノベーションや経営者のビジョン・行動の「見える化」		●市場、顧客目線	●人材交流への積極性 ●変化の受容既定路線からの脱却	●高度外国人受け入れ ●正解のない課題へのチャレンジ ●組織リーダーのマインドセット

起こりにくいのか。特に、過去の商品・サービスとは連続していない、まったく新しい種類の革新、「非連続のイノベーション」と呼ばれるタイプのイノベーションが起こりにくいと言われているがなぜか。日本経済の長い低迷の問題を解くカギはこのあたりにあるのではないかとの予想のもと、われわれは国内外の現場や各種調査からその解答を探った。

新しい市場やサービスを生み出しているイノベーターに共通するのは、以下の3つのポイントである。

①イノベーションを起こせるビジョンや行動力のある「人材」が、②圧倒的な強い付加価値を持つ「技術やアイディア」を持って、③粘り強くスピーディな活動を続けながらさまざまな

手法で「ビジネス化」につなげてきた。

さらにこれらを加速するために、④国家・政府や企業などの「強力なパートナーとの連携」を行うため、⑤活動をサポートする「社会の仕組み」も大きく影響する。

大転換期のいまだからこそ、新しい社会環境やグローバル市場に対応したイノベーションを待つのではなく、日本という国家の余力がまだ十分にあるうちに、各領域で積極的なイノベーションの創出ができる「仕組みづくり」と、それを支える意識の改革を行っていかなければならない。現状を見ると、ベンチャー支援の仕組みは徐々に整備されつつあるものの、その仕組みを活用し、イノベーションを実現する前提となるマインドセットはまだ不十分である。ここからは5つのポイントについて述べていきたい。

人材

イノベーション人材を生み出す風土をつくれ

イノベーションを生み出すため最も重要なのは人材であり、それを伸ばすのに必要なのは環境、すなわち仕組みと、風土、すなわちマインドセットを生む雰囲気である。

イノベーションを起こせる〝人材〟とは、斬新なアイディアと成功に対する熱い志を持ち、世の中に対する高い目線を持って、最後まで諦めずにさまざまな手段を使って事業実践にチャレンジできる人である。

人材づくりのための環境は、この本の後半、第2、3章で語る〝教育〟による部分が大きいが、こうした人々にチャレンジへの動機を与えるのは「イノベーションを生み出せる」という確信や、主体的にこれを「生み出そう」という熱意といったマインドセットを生む雰囲気・風土である。

われわれがこれまでのいくつかの取材を通じて発見したのは、「日本には意欲的に新しい事業を実現している人々がいる」という事実である。こうした企業や人々は一部のビジネス書などでは取り上げられることはあるものの、断片的にしか知られていないのが現状だろう。彼らの企業活動がもっと社会に注目されるようになれば、イノベーションが「一部の特殊なもの」「変わった人がやること」ではなく、自分でも普通に取り組めるものだという自信や熱意が広がっていくに違いない。

イノベーションを起こせるのは、どんな人？

先端企業の活動をもっと「見える化」することで、イノベーションの生まれる風土づくりを行いたい。そのためには単なる事業レポートだけではなく、事業の中心メンバーの持つ哲学

――どんな問題意識からその事業が生まれてきたのか、どんなチャレンジがあったのか――を伝えることが重要であり、彼らの〝闘う姿〟を伝えることも必須である。これは、第3章で触れるリーダーシップ教育の重要な要素の一つでもあるが、ここでは特に起業と成功につながる2つのポイントについて触れておきたい。

彼らが多く持っているのもまず「世の中をこう変えよう」という高い目線、哲学であり、ビジョンである。ベンチャーに代表されるイノベーティブなサービスのビジネス化は、「これで金儲けをしよう」というよりも「世の中をこう変えよう」「人々の行動をこう変えよう」「これを使えば人はより幸せになる」という目的が先行するケースが多い。ユーグレナはバングラデシュでの栄養に関する社会課題に挑んでいるし、ＤＪＩでは世界市場で中国の若者が活躍できる場を実現していこうとしている。

彼らの高い目線は、逆境にも諦めないビジネス化のための粘り強い行動の原動力になるとともに、経営陣や社員、投資家、さらにはこのサービスを利用する人々を巻き込む求心力として働く。また、市場の大きな変化があった場合に、自社がどのような判断をし、どういう行動をとるべきか、どう準備をしておくべきかについての的確な判断のための「軸」ともなる。

次に必要なのはその卓抜した「行動力」である。ベンチャー企業の成功は、当初イメージしていた理屈どおりに進んで勝ち得たものでないことが多い。失敗を続ける中で見出した支援者や同志、当初の想定とは違った方向でヒットしたサービスが起死回生の一打になったなど、偶然がポジティブな方向に動いた例がたくさんある。

「チャンスの神様には前髪しかない」という言葉がある。これは、ぐずぐずしているうちにチャンスの神様はすぐにいなくなる。後ろ髪を引っ張ろうとしても神様には前髪しかないので引っ張れないから、すばやく前髪をつかまないといけないという意味である。優秀な起業家がチャンスを見逃さず、間髪を入れずにどのような行動をしたのか。彼の素早い選択の結果が事業成功のカギになっていることを広く知らしめたい。

若い人材の「芽」をつぶすな

前例にとらわれないイノベーションを生み出すためには、若い人材は必須のリソースであり、この層に自由度を与え、その可能性を最大に引き出すことが重要となる。

DJIは創業者フランク・ワン氏が20人から立ち上げたベンチャー企業であったが、企業規模が大きくなると「年功序列で若い才能が埋もれてしまう」という課題が生まれた。そこで同社は、意図的に若い技術者のアイディア実現を邪魔をしないように心がけ、たとえそれが新入社員であっても、良い研究成果を持っていればその実現に適切なチームを提供するなどのかたちで支援するようになった。平均年齢27歳である同社のモットーは、「未来にはさまざまな可能性がある（the future of possible)」というもの。従来の中国企業にありがちであった「金儲け」とは異なる「未来をつくる」というビジョンを持って、そのため若い力の活用に意図的に取り組んでいる。

東京大学エッジキャピタルの郷治社長も、若い研究者の可能性の芽を摘みかねない日本の現状を指摘している。特に基礎研究の領域では大きな問題がある。現在、経済産業省等からビジネス化に近いベンチャーキャピタル投資のための予算などはつき始めているものの、その基礎となる大学などに対する政府からの研究開発予算は限られているし、企業連携においても「大学との連携が活発化した」と答えている企業は9・2％にすぎない。また文部科学省の調べでは、若い研究者で任期付きポストが増加して任期なしポストが減少するなど、継続して研究ができるポストが少なくなっている。

こうしたことが影響したのか、２００４年では1万２０００人あまりいた博士課程の入学者が、２０１６年度では1万人を切っており、博士号取得が当然とされるグローバルな人材市場で不利な状況に陥っている。

郷治社長は「若い研究者が生き残れる道は絶対に必要である」と言い切り、現状の科学研究費では対応できない分野（初期研究開発段階での研究など）に着目して、若い研究者への寄付を積極的に行っている。

基礎研究分野で若い人材に積極的に機会を与えること、そしてその結果を見極めていくことも、イノベーションを生み出すために重要なことであろう。

技術やアイディア

企業や大学に埋もれた技術シーズを発掘せよ

日本には大学や企業に死蔵されている研究成果が多くある。経済産業省の企業調査によると、「事業化されなかった技術の扱い」で最も多かったのが「そのまま死蔵してしまう」の63％であった。

イノベーションの実現には、このような眠る技術シーズをビジネスにつなげるのも一つの重要な方法である。ユーグレナがビジネスを立ち上げるに当たって大きな力になったのは、国内大学では研究され尽くされていた先行研究があり、これらの研究者との連携があってはじめて、スピーディな展開が可能になったのである。

大学においては研究シーズを知財化するためのＴＬＯの必要性が言及され、１９９８年には通商産業省、文部省（いずれも当時）主導で「大学等技術移転促進法」が制定された。こうした仕組みがありつつも、実際のビジネス化はまだ道半ばである。

東大エッジキャピタルのような、ビジネスにより近いアクセラレーターと組むことによって、はじめてこうした「目利き」の役割が活きてくる。逆に言えば、こうした組織が「本当の目利き力」を身につけられるかどうか、その力がこれから試されるのである。東大エッジキャピタルではその現場の経験を活かし、全国のＴＬＯとの連携を開始し始めているそうである。ＴＬＯが「実際のビジネス」に取り組み現場の苦労をくぐることで、次第に磨かれていくことを切に望みたい。

同社は過去に「企業内部では開発が実現できない」とエンジニアから逆の相談を受け、彼らの支援を行ったことがあるそうだ。その結果、大企業ではできなかった商品開発が成功し、彼らの起業にまで結びつけることができた。この話は、自社の中に技術シーズがあるにもかかわらず、それをうまく活かしきれなかった企業に、大いに反省をうながすべきエピソードでもある。その新規ビジネスのあり方、権利の持ち方なども含め、企業自身が適切なフレームワークを準備できれば、事態は変わっていただろうと思われる。

ビジネス化

研究とビジネス――異なるセンスを融合させろ

日本は研究開発成果としての技術シーズを、事業に育てるセンスが弱いと言われている。こうした技術を世に出すためには「研究開発」に加えて「ビジネス人材」「資金調達」の三位一体の動きが大事であるが、専門家がタコツボ化している状況があり、必ずしも技術シーズの近くに他の要素があるとは考えにくい。

東大エッジキャピタルが全国のTLOをサポートしはじめているように、技術シーズやアイディアの投資のための良し悪しを判断できる「目利き人材や組織」、そして事業を立ち上げ、事業化戦略を考え、覚悟を持ってこれを実行できる「ビジネス人材」、そしてそれを一定の成長軌道に乗せるまでの資金調達などの「機能サポート組織」が必要である。これらが連携できる体制が整えば、個別の研究者・専門家だけが自らするのでは無駄が多いであろうこうした業務を回避し、事業化に向けて迅速にスタートを切ることが可能になる。

ビジネス創造のための「場」をつくれ

「イノベーション」を最初にうたったシュムペーターは「企業家は群生する」と述べている。

アクセラレーターなど単体の組織がビジネス化支援を行うにとどまらず、複数の企業が集まり、事業を生み出していける「場」ができれば、イノベーション創造の可能性は急激に高くなる。米国のシリコンバレーや中国の深圳では、アイディアを発掘、ビジネス化する人材やそのためのサービス、資金や開発スペースを提供する人々や企業などが集まり、相互作用をもたらしてベンチャー企業を育て上げる「エコシステム」（複数の企業が互いの技術や力を使いながら、既存の枠組みを超えて協業していく仕組み）を持つ「場」が存在している。

アーリーステージのイノベーターやクリエーターが集まりやすい「場」をつくり、コミュニケーションの活性化促進や、インフラ面の充実などイノベーション創出の後方支援、制約の少ない環境の整備などを行えば、ビジネス化に必要な専門家たちの連携を通じ、商品のプロトタイプづくり、小規模な実証実験などの展開もできる。そしてこうした経験はこの場の参加者にフィードバックされ、後続の人々への支援を実践に基づいた分厚いものに変えることとなる。この実践の繰り返しが、勝ち抜ける「場」になるかどうかの大きなポイントである。これは後述する政府や企業との連携により、さらに大きく推進することができる。

市場目線・顧客目線が成功の条件

技術シーズや起業家精神、変化に対応する柔軟性やスピード感があっても、使い手のニーズに沿った、実際に購入したくなる商品・サービスを提供しないと、ビジネスとしての成立は難しい。アップルのｉＰｈｏｎｅやアマゾンのビジネスモデルは顧客目線を大切にしたイノベーション創出の成功事例であり、初期の成功に続き、投入後の市場や顧客の嗜好を的確に捉え、機能改良や追加拡張を継続し、コンテンツの充実、サービスの品質を上げることで継続的に顧客から受け入れられている。

ウォークマンやプレイステーションなど、多くの製品を世に問うてきたソニーの島田啓一郎執行役員は、「わくわく、どきどき、胸きゅん、大好き、はじめて、これだよね」の提供が成功のポイントになったと語った。〝単なる機能追求〟による過去の延長線上の改良製品を提供するのではなく、顧客にとっての新しい生活の提案であり、文化を創造することができた、と語っている。

輪島漆器の北村氏は、「市場がどうなっているのか、顧客がどのような人で、何を求めているのかといった情報なくして『良いものを作ればいい』という考え方は、徒手空拳で戦場に臨むようなもので、成功は期待できない」と語る。〝地方の伝統工芸〟は身近な土産物屋などの国内市場にとどまりがちだが、それを良しとはせず、北村氏は失われた技術を追い求め、世界の美術館に所蔵されている漆器の修復に着目した。結果、多くの美術館が高レベルの人材を探し修復に巨額の予算を用意する欧米の市場と、究極な高品質の一品モノへの需要が存在する海外富裕層向けの市場を開拓した。そこに「買い手」が存在する限り、技術を使う場所を変えることだけでも、市場開拓が可能である。

「職人は良いものを作ることだけ考えていればよい」「職人が金のことを考えるのはいやしい」といった旧来のマインドセットを捨て、人に喜んでもらい、仲間とともに良いものを生み出し続けるための潤滑油として金のことを考える。視点を共有する仲間を持ち、十分な研究をすることで、世の中に支持される仕事を生み出すことができる。

パートナーとの連携

視野を広げ積極的に変化を受け入れろ

イノベーションを起こすには、やはり民間企業や行政機関、大学など、質の高い味方を増やすことが成功への近道である。業種・業界に横串を通して異業種を交わらせたり、府省連携でいままでにない環境を生み出すなど、従来の境界線を超える活動を行うことでイノベーションの可能性はより高まる。

複数の企業や省庁が連携する産業コンソーシアムなどそうした仕組みは数多く存在するが、

一方、そこで発生する「自前主義」「様子見」「縦割り」「組織自体の目的化」などの意識がイノベーション創出を妨げるケースが多く見られる。

たとえば、企業の研究開発費から生み出された成果が、それ以外の大学や公的機関で利用される割合は1％以下。あるいはチーム内で生まれる果実の良い部分だけを特定の企業が取り合い、他の参加者との全体でのコラボレーションがうまくいかないなどの事例も聞かれる（2013年総務省統計局調査）。本格的にイノベーションを起こすには、短期的利益を気にして結果を囲い込んだり、リソースの出し惜しみをするのではなく、まずは変化を受け入れ、大きな視野を持ち、ビジョンの実現に向け是々非々で取り組むべきである。

参加者が一丸となって取り組むことがなければ、実際にイノベーションを創出し、市場で闘いに勝つことは難しい。企業は自前主義に固執して成長の芽をつむのではなく、他の企業やベンチャーの強みを生かすオープンイノベーションと、自社固有の強みを組み合わせる柔軟な「オープン＆クローズド戦略」のもと、スピード感を持って臨むべきである。

緊密な連携——産官学および業界の横断的な交流を進めろ

より強力なコラボレーションのためには、各組織の、それぞれ異なる行動原理や競争原理を理解しないと適切な連携・判断ができない。組織の集合体はそのままでは縦割りになりがちである。

たとえば、イノベーションを推進するための規制緩和や法改正を行う場合、建前的な要望をうわべだけで聞いても前向きな改革ができるはずがない。こうした場合、自分の組織とは異なる組織の本音やロジックを理解している人材を登用することが実態把握の近道である。これには行政機関から民間企業へ、民間企業から行政機関への人材流動が有効である。また、民間企業と大学との連携の体制がようやく日本でも整いつつあるが、その認知度が低いため、他国と比べ十分な連携が行われていない。

産官学を含めて人を流動させることを通じ、お互いの実態を知り、スムーズなコラボレーションを実現させることで、社会の活性化を実現させる仕組みを民間企業、行政機関、大学の共同で確立、共創していくことを強力に進めるべきである。

既存の規制をとらえなおせ

日本ではいまだに既存権益を保護する傾向が強い。たとえばＵｂｅｒ Ｊａｐａｎは、現在、タクシー・ハイヤー事業会社と「提携」して配車サービスを提供している。一方、米国などでは、Ｕｂｅｒは配車サービスを個人事業として運営する個人ドライバーと提携、タクシー事業会社を「競合」として事業を行っている。日本のような既存業界との分担は、現時点では効率がよいものに見えるが、米国は既存権益者と新規参集者との間に競争環境をつくることで、両者がそれぞれ次の一手を考えることにつながり、結果的にイノベーションにつながっていく。こうしたケースを考慮すれば、規制を監督する省庁は社会的なベネフィットを考えた上で、是々非々で検討を行える環境をつくるべきである。

また、イノベーションの促進を規制や法制度が邪魔している場合もある。日本でＵｂｅｒを導入する際にも、道路運送法の規制緩和について議論が喚起された。このようなケースでは現在の規制の必要性をゼロベースで検討し、不要な規制は見直すことで、社会システム側からもイノベーションを喚起する必要があるだろう。もちろん、すべての規制を廃止しろと言っているわけではない。食品安全や自動運転、医療など人命に関わるような分野での「安全規制」と「労働規制」はむしろ強化すべきであり、ブラックな事業者を安易に参入させるような「参入規制緩和」は逆に行うべきではない。

総力戦でエコシステムづくりに挑め

イノベーションを生み出すエコシステムは米国のシリコンバレーや中国の深圳以外にも、たとえばイスラエルのテルアビブ、シンガポールなど世界中の都市で機能している。スタートアップゲノム社が提供する２０１７年の「グローバルスタートアップエコシステム」ランキングでは、米国・中国の諸都市に加え、ストックホルム、シドニー、バンガロールなどの都市もランクインしているが、トップ20の中には日本の都市名は入っていない。

東南アジアの新興国でも取り組みはじめているこうした試みのうち、結果が出はじめている都市の多くの成功のポイントは「産学官の連携」である。たとえばシリコンバレーにおいてはスタンフォード大学が人材を創出、卒業生の中から起業家やベンチャーファンドなどの専門家が生まれ、こうした産業に対しては連邦政府がバックアップを行っている。日本においても三者が縦割りでバラバラに活動するのではなく、それぞれの役割で連携することが重要である。

また、成功している地域を見ると、シリコンバレーは1960年代の米国の軍需産業のテコ入れがあり、深圳は香港とつながる一大生産拠点・広州に、かつて偽ブランドを製造していた中小の工場群があった。またテルアビブには警備技術やサイバーセキュリティ技術を生み出す軍需産業があった。このように、ベンチャー企業が成長するにはその土地独特の背景があり、だからこそエコシステムが生み出されているのだ。

日本も世界的に見て強み、あるいは特徴のある地域づくりが必要ではないか。高付加価値を生み出す製造業の集積や交通などの社会インフラづくりはもちろんのこと、今後は世界の先頭を走る高齢化やそれに関わる健康医療領域、地方の過疎化対策としてのコミュニティづくりなど、「社会課題」のテーマに集中し、産学官の人材、技術、資本が総力戦で日本の新しい価値を生み出していくことはできるだろう。成功のイメージが見える場づくりの検討が不可欠である。

社会の仕組み

人材流動性の確保を

イノベーションを起こすには流動性のある雇用市場も重要である。日本には、いまだ一括新卒採用や終身雇用の制度（高度成長期の遺物と思われる）が残っている。早いスピードで変化する現代、会社のための活動に労力を割くことに汲々とし、社会の変化をにらみ積極的に学び直す機会を減らすことで、日本人の成長を阻害しているとしたら、大きな損失である。

われわれのメンバーの一人には、かつてスウェーデンの大学を卒業した中国人の部下がいたが、数年経った後に会社を辞め、「学び直し」を目的としてスウェーデンの大学に戻ったと語っていた。自分自身のスキルがＡＩに置き換わってしまうことが起こりうる時代だ。ならば、自由に組織を出入りして、自分をアップグレードさせる仕組みが必要ではないか。人生百年時代とも言われ、一つの企業で人生を完結するよりも、より長期的に、さまざまな活躍の仕方を模索する必要がある中で、こうした「学び直し」を実践できる社会の仕組みも必要になるだろう。

人材交流の一つの手段として、中途採用市場を拡大させ、異なる分野での実経験を積んだ人材を新たに企業に取り込むという方法もあるだろう。深圳のＨＡＸでは創業メンバーの一人であるベンジャミン・ジョフ氏から「日本の大企業は、新しいことに挑戦するために会社を去った人が失敗した場合、その人を再度受け入れる機会を与えているか？」という厳しい質問があった。米国では失敗した人をすばやく救済するマインドが整っているが、いまの日本の大企業には、退職した人間に対して「失敗したらそれで終わり、社会的に失格者として烙印が押される」という風潮があることは否定できない。大企業を去り、起業に挑戦した人は、大企業で働いた経験と、スタートアップや起業家としての経験の2種類の異なった経験を兼ね備えているといえる。その点を考慮すれば、起業が失敗した者を大企業で再度受け入れることで、大企業単独では持つことのできない大きな財産を持つことになる。

さらには、イノベーションを加速させるために、外国人高度人材を積極的に呼び込む必要もある。しかし高度人材とはいっても、文化や考え方、言葉や国民性も異なる人々を呼び込み、日本で働いてもらうことはそう簡単なことではない。日本への永住許可が申請しやすくなる「高度外国人材グリーンカード」などの仕組みは整っているものの、彼らを日本に呼び込むためには、十分な活躍ができ学べる機会を提供できる企業の柔軟な対応や、大学・大学院等の受け入れ体制などの整備も必要となるだろう。

チャレンジ精神を忘れるな

Ｕｂｅｒ Ｊａｐａｎの髙橋社長は「事業には、実行してみて制度面、安全性、利便性など、はじめて課題を理解できることが多くある。ビジネスを行いながら事業を洗練させていければ効率はいいが、日本ではリスクを恐れ『まずはやってみる』ことが許容されない風土がある。ここが日本でベンチャーの起業・成功のためのボトルネックではないか」とコメントしている。確かに日本には、不確実なリスクを回避するマインドがいまだ根強く残っている。変化を受け入れることで新たな価値が生まれ、新市場開発の次ステップに必要なものが見えてくるはずであり、そのためには自らの意識改革が必要になっている。

深圳では、広告代理店出身でいま新たな起業に向けて奮闘している日本の方にお会いした。彼はカナダの大学院で学び直して仲間を集めたのち深圳に着目、ＨＡＸのスタートアップ支援プログラムを受けている。「ここでは事業計画を出せなどとは言われない。与えられた期間中、事業立ち上げのノウハウを提供してもらい、最終的にアイディアを形にすることが重要である。深圳のスタートアップに〝正しいやり方〟はない。なぜなら正解のないものを探しているから。〝正しい答えがあること〟を前提にされる日本の教育を経験しただけでは、現代に必要な経験が足りないかもしれない」と語っている。失敗だけでは終わらず、そこで得た利点を見極めようとするマインドを持つことができれば、かけがえのないその失敗が、「次の成功のもと」になる。

リーダーのマインドセットが必須

これからの世界では、アマゾン、グーグルなど世界を席巻する一部のブランド力ある企業や、世界第二の経済大国・中国の「国策」という手堅い保証を背景に、自信を持ってハイリスク・ハイリターンの勝負を仕掛けてくる企業が、戦いの相手である。いかに技術力で優ったとしても、かなりヘビーな戦いとなるはずだ。明確なビジョンと強いリーダーシップを持ち、スピード感と覚悟を持って戦い方を正確に判断できるリーダーの存在が強く求められる。

あくまで一般論だが、企業は業績が芳しくなくなると、安全性の高い既存事業に注力し、将来を見据えた研究開発やリスクをともなう新規事業開発を避けるようになる。その結果、従業員のモチベーションやクリエイティビティは下がり、企業としてのスピード感や競争力、将来価値が失われていく。変化する時代の中では、経営者にはビジョンを持った高い目線で将来を見据え、中長期的な打ち手につながる研究開発や新規事業開発を継続することが、企業価値を高めるために必要なマインドセットとなっている。

経営者は一企業の利益だけでなく、その生み出す価値で社会を変えてゆくというビジョンを持つことも忘れてはならない。ユーグレナは、出雲社長のバングラデシュの人々を救いたいという強い志からスタートしている。現在の株主はなんと９万人、97％が個人株主である。彼らは株の配当を主眼にしているのではなく、栄養問題を解決できる食品にとどまらず、エネルギー問題の先を見据え、社会貢献のために事業を行っているユーグレナの企業ビジョンに共感している。東京大学エッジキャピタルの郷治社長も「出資の基準は社会的インパクトが大きいこと。技術をもとに社会全体に変化が与えられるものなのかどうかを投資基準の一つとしている」と語る。経営者にとっても企業においても、社会変革というビジョンを軸に、変わりゆく社会環境の中で新しいことに挑戦するマインドを持ち続けることは、顧客やパートナーづくりという求心力にもつながっている。

また、こうしたビジョンをもとに正しい次の一手を打つためには、ビジネスの周辺状況の環境理解も重要である。事業ファイナンスのための金融はもちろんのこと、ビジネスに利用できる最先端の技術、グローバル競争に必要な言語などについて常に研鑽し、あるいはそれに明るいパートナーを社内外に持つことで、軸となるビジョンに対して競争環境全体の地図を思い描き、行動に移すことができる。

こうした事業の見極めをもとに、イノベーションを創出する人材に機会を与え、実現のための環境を提供する役割を持つのは、企業の経営者であり、組織のリーダーである。彼らの活動として短期的な利益を重視するだけではなく、多くの挑戦の機会を求めている若者に経験をさせ、失敗を認めるマインドを企業内に定着させることが必要だろう。成功だけが実りではなく、現実のビジネスを体験させ、理論だけでは突破できない「修羅場」の経験を通じた失敗からの学びは次のステップへの大きな財産となり、企業を大きく成長させることになる。

日本のベンチャー企業の魁であるソニーも一時期、非常に厳しい苦境に陥った。現在は脱却して、再びベンチャー精神を取り戻している。社内ベンチャー支援の仕組みとして、新規ビジネスアイディアを事業に結びつけるために新規事業創出プログラムSAP（Seed Acceleration Program）を立ち上げ、社員が自分自身の意志で手を上げ、挑戦のための機会を勝ち取る場が提供されている。定期的に開催される新規事業オーディションでは、合格者には、年齢や職歴を問わず、一定期間、事業化に挑戦する機会を与えている。オーディションのプロセスやその後の開発状況等も社内イントラ上で公開されるため、社員の直接的な動機づけにもなっている。また、応募者をサポートする仕組みとして、スタートアップに必要なスキルを身につけるトレーニング講座も提供されている。多くの日本企業がこのような仕組みを社内に取り入れることができれば、より多くの人材が挑戦するマインドを持つこともできるだろう。

執行役員の島田氏は、「日本も国家戦略特区を設定して将来に向けた事業開発を進めているが、もっとドラスティックな挑戦が必要である。技術はすでにある。無人島を一つ与えてもらえれば、そこに未来都市をつくってみたい」と、嬉々として話していた。

「次の世界を楽しもう」と言うＵｂｅｒ Ｊａｐａｎの髙橋社長、「世界を変える！」という意気込みの東大エッジキャピタルの郷治社長など、好奇心や飽くなき探求心、強い志や前向きな発想を持った日本のリーダーがもっとたくさん輩出できれば、日本の明るい未来が見えてくるに違いない。

4　２０５０年、産業・社会の未来予想図を見てみよう

日本経済復活のサクセスストーリーとして、われわれは実際のケースを通じ、イノベーションを起こすための仕組みづくりと意識改革の重要性について取り上げてきた。

実際に各企業のリーダーの方々とお会いして強く感じたのは、全員がキラキラと輝き、大き

な志や夢を描いているということである。彼らはその実現のために世界や世間と、各種規制とも戦っている。さまざまな困難や苦境に立ち向かい、試行錯誤しながらも壁を突破することは並大抵の精神力と努力でできることではないだろう。

次世代の子どもたちに明るい未来と日本を引き継ぐために、われわれがまずできるのは、こうした経営者たちが持っている思考様式、マインドセットを一人ひとりが持つことである。これはベンチャー業界の人々に限った話ではない。自分のため、家族のため、会社のため、社会のため、人によって違うかもしれないが、国や社会、他人任せにするのではなく、現状を変えたい、もっと良くしたいという意識を持ち、最初の一歩を踏み出してみよう。

＊

日本人全員が、前向きな一歩を踏み出せば、必ず日本の未来は変わる。この一歩の積み重ねを続けた先の２０５０年はどんな未来が広がっているのだろうか。

２０５０年の世界経済では、現在の先進諸国の影響力は相対的に下がり、中国、インドを中心とした際立つ人口規模と国内市場を誇るアジア、アフリカ諸国の台頭は避けられないだろう。多くの国で一般的な生活財は自国生産が可能となり、内需の多くは国内でまかない、各国は輸出で勝負できる強みを磨いている。

日本においてもグローバル企業は、「第4次産業革命」の下、さまざまな国や地域の文化や制度・技術を吸収した上で、新しく独自のものを作り上げる力に、AI、ロボティクス、高度外国人を活用している。蓄積された資本を掛け合わせ、イノベーションの継続的な創出に成功した。日本企業の海外進出、外国企業の日本国内進出は大幅に進み、グローバル企業で働く人の割合は高度外国人材を含め、30年前の2割から5割程度にまで拡大し、多様性を受け入れる社会風土が生まれ、これが変化に強い企業の醸成につながっている。もちろん、製造業だけではなくサービス業等においても、AI、ロボティクス等の高度技術の適用が進む。本当に世界で勝負できる領域を中心に3％の名目経済成長を続け、GDPは世界4位を維持している。

一方で、日本国内の状況は、子育て支援などの社会的支援と不妊治療など生命医学の発達により合計特殊出生率は回復し、総人口は1億人を維持。女性の就労率も先進諸外国並みにまで上昇し、さらに高齢者雇用も大きく進む。75歳まで働くことが当たり前になっており、まさに「総活躍社会」が世界に先駆けて実現している。

高齢社会先進国として社会保障の効率化が求められたことが大きなきっかけとなり、医療分野で大きなイノベーションが生まれる。生活習慣病の「予防」「検診」の徹底を図る「予防医療」の重要性が浸透。生活習慣病が大幅に抑制されて「予防医療大国」の地位が確立している。治療面においても、ホームドクター制、混合診療の導入や、国家全体でのレセプト、検診データ・AIのフル活用により、効率的な医療体制が構築され、公的保険の適用範囲の合理化が進んでいる。

介護では、支援ロボットが活用され、介護環境の安定と向上が実現することで、介護者不足をカバーし、社会全体で無理のない介護の仕組みが整う。また、「健康寿命」が伸びて、積極的な労働参加と経済力の確保、社会保障費抑制のバランスが保たれることで、高齢者の社会参画が進むとともに消費意欲が高まり、旅行・健康・スポーツ産業の活性化など、結果として内需拡大につながっていく。

加えて、チャレンジを後押しする社会保障セーフティネットが整うことで、日本中でベンチャー企業が生まれる。それらのベンチャー企業は、大学やビジネスアクセラレイター、ベンチャーキャピタルの支援を受け、高齢化や都市化など世界の課題解決を担っている。スマート社会の進展により空間制約が解放され、首都と地方がつながることで首都圏と地方中核都市の均衡ある発展が実現している。域内交通は自動運転の小・中量輸送システムが中心。都市規模に応じたネットワークが形成されている。

ベンチャー企業が次々と生まれることで、日本は研究、科学技術力、イノベーション創出力、それぞれの方面においても世界最高水準を維持し、世界大学ランキングにおいても日本の大学の競争力が世界で高く評価され、多様な高度人材が日本に引き寄せられ、経済成長と教育の充実の好循環が醸成されている。

ソフトパワーの構築に力を入れることで、日本は世界から一目置かれる存在となり、真の意味での「日本ブランディング」が幅広い分野で推進される。日本の良さを知り、主張できる若者が国際機関や世界各地で頭角を現し、存在感を示していく。こうして築き上げられた、日本人ネットワークが国際プレゼンスを発揮し、安全保障面でも大きな貢献につながっていく……。

ワクワクしていただけただろうか。２０５０年の日本は、世代、性別、国籍に関係なく、挑戦し、失敗してもいつでも再挑戦が可能な社会だ。明るく、のびのび、そしてくじけることなく、夢を追いかける元気な老若男女があふれている。

「国創り」は「人創り」からである。次章以降は今後の新しい日本のかじ取りを担う人創りについて、取り上げていきたい。

コラム●ローカル経済、サービス業の生産性の向上

経営共創基盤の代表取締役CEOの冨山和彦氏にお会いした際に、同氏は産業特性を視点においた「グローバル経済とローカル経済」と「製造業とサービス業」はそれぞれ切り分けて考えるべきだと語っていた。ここで言うグローバル経済とは、一定の地域を越える産業構造を指す。また、ローカル経済とは、一定の地域に閉じる産業構造を指し、価値の生産と消費が同じ場所で行われる。GDP比率でも勤労者比率でも、ローカル経済のウエイトは先進国でおしなべて高く、日米、さらに日本の比較対象としてよく挙げられるドイツも共通の特徴といえる。

製造業は、製品のコモディティ化にともない生産拠点が国内から海外に移転しているため、その比率は徐々に低下を続けている。国内に残る製造業も自動化が進み、新しい工場を建設しても雇用はほとんど生まれない。一方、先進国で増える傾向にあるサービス業は、日本全体の産業の7割を占めている。たとえば、小売業界では大手企業でも市場占有率は3割に満たず、寡占とはほど遠い。このような状況では、従来型の経済政策は効きにくいし、経団連等の既存の業界団体を通じた政策的アクセスも難しい。しかし日本では、サービス業が間違いなくメジャーであるという認識を持つ必要があり、日本の経済成長のためには、ローカル経済、サービス業の労働生産性を高めることが大きなポイントである。

労働生産性を高めるには、まずは「分ける化・見える化」が必要であるが、モノという目に見えて比

較的わかりやすい付加価値を持つ製造業に対し、サービス業はそうではなかったことが、生産性の停滞を招いた最大の原因である。たとえば、旅館業界では、多くが「利益なき繁忙」の経営を進めてきた。利益率の高い少人数客ではなく、単価の安い団体客を大口で入れながらも、仲居の確保には苦労している。また、バス会社では料金箱の現金をまとめて回収していたので、路線別や区間毎の収支を把握できていなかった。無人の「空バス」が運行している区間を把握できておらず、運転手にとっては、「空バス」は気楽な区間でもあるため、それを解消するインセンティブはなかなか働かない。

ローカル経済の生産性向上に取り組むべく、冨山氏が取締役を勤める「みちのりホールディングス」では、複数のバス会社を束ねて経営統合を行う中で、コツコツと改善を行い、管理会計でＰＤＣＡサイクルを回していく新しい体制をつくった。また、運航に関するさまざまなデータを収集、分析し、サービス向上の指標として運転手の事故率低減にも取り組んだ。事故の多くは高齢者の転倒等による車内事故である。良い運転手は、急発進・急ブレーキを避け、乗客が転倒しないように気配りをしている。ドライブレコーダを取りつけ、事故分析を徹底的に行うことで運転手を教育した。このように、ローカル経済、サービス業の労働生産性を高めるためには、最新の技術を導入し、地道でかつ継続的な努力を積み重ねることが必要となる。

また、ローカル経済の他の課題として、競争したり、外部市場に曝される必要がないため、経営者の経験が少なく、特に、中小企業やサービス業に優秀な人材が不足していることが挙げられる。行政による中小企業支援も、経営者が能力を磨かなくても済む方向に働き、ダメな経営者の延命を助長してきた面がある。経営感覚のない経営者が、行政の補助金を活用して身の丈以上の大型機械を買い、経営が傾く事例なども珍しくはないし、下請け企業が親会社の発注調整に単に依存して物的な生産量を追い求め、経営面での生産性の向上などはあまり考えられていないケースが見られる。

一方では、大企業には優秀な人材が集中しているが「人材の死蔵場所」となっている側面もある。本来の仕事ではなく、内部調整や権力闘争に明け暮れる人間も出てくるなど、企業の業績は二の次で、本当の力が試される「修羅場」を経験する機会が持てていない。

ローカル経済の活性化を検討する際に、大企業の優秀な人材の滞留化、中小企業での能力ある人材不足ということを考えると、大企業と中小企業間の積極的な人材ローテーションを行うことも考えるべきではないだろうか。たとえば、大企業の優秀で若い人材を、地方の業績不振な中小企業に送り込み、経営を任せ、会社運営に関わる深刻な課題と向き合う経験をさせた上で、その後、元いた企業に戻し、経営に関与させる。修羅場を経験させることで個人の資質や経験値も上がる。一方で、人材不足に悩む中小企業も、大企業の優秀な人材を取り込むことができる。いずれにしても、優秀な人材の数は限られているので、生産性の低い企業やブラックな事業者はスムーズに退出させ、優秀な経営者の元への企業統合も平行して進めるべきであろう。

第2章

教育を変えれば日本は変わる

第3分科会◉テーマ：基礎教育

1 いま必要とされる「人創り」

狭い国土、少ない資源のわが国で、最大の資産は「人」である。「読み書きそろばん」という言葉に表される日本人の基礎学力の高さ、「和の精神」で社会を支える中間層の厚さが、明治時代以降の急速な近代化、また戦後の復興を支えたわが国の強みだと長年考えられてきた。しかし近年その基盤が揺らいでいる。人口が減少するわが国が、今後も世界にプレゼンスを発揮するためには、一定数の質の高い中間層を維持し、そして新たに生み出していかなければならないことは明らかであろう。

「分厚い中間層」が日本を支える

われわれは、こうありたいと思う日本人像を形づくるべく、まず2050年の日本を支える理想的な国民とはどのような人物かを考えた。

人口が減少する今後は、いままで以上に優秀な人間が世の中をリードしなければいけないだろうし、そうした人材輩出のためには、国民一人ひとりの質の高さと層の厚さが必要であり、社会的な脱落者が少ない、逆に言えば、責任感をもって働く者が多い状態も必要となるだろうと考えた。誰もが基礎的な力をもち、より高いレベルにチャレンジできる社会が理想である。

その実現のためには、未来の日本人をきちんと育成し、人材の層の厚さを確保することが必要となることから、「**分厚い中間層**」という言葉をキーワードとして使いたい。中間層とは、一般に経済的側面のみから言われることが多いが、子どもに十分な教育を受けさせることができ、一定の知識レベルを持つという意味も持たせている。この分厚い中間層を形づくる人々が継続して生み出されることで、「一億総活躍社会」が実現し、わが国の国力増大に結実する。さらに、ボリュームのあるこの層の中から第３章で述べるリーダー教育を受ける人々が出てくる。分厚い中間層は、優秀なリーダーと日本を変革するイノベーションの培養地なのである。

人間にしかできないこと、すなわちさまざまな状況を自分の頭で判断し、課題を抽出し、臨機応変に対応を考えて実行する。失敗してもそこから学んだことを活かして次につなげ、成功するまでやり遂げる。国を愛しながら、世界の多様性を理解し、個の自立と公への貢献を両立することで日本を支えていく。

「分厚い中間層」がこのような人間の集団だったら、わが国の将来は明るい。そのために必要な資質にはどのようなものがあるか？　われわれは、２０５０年のありたい日本人に求めら

2050年、ありたい日本人の資質イメージ

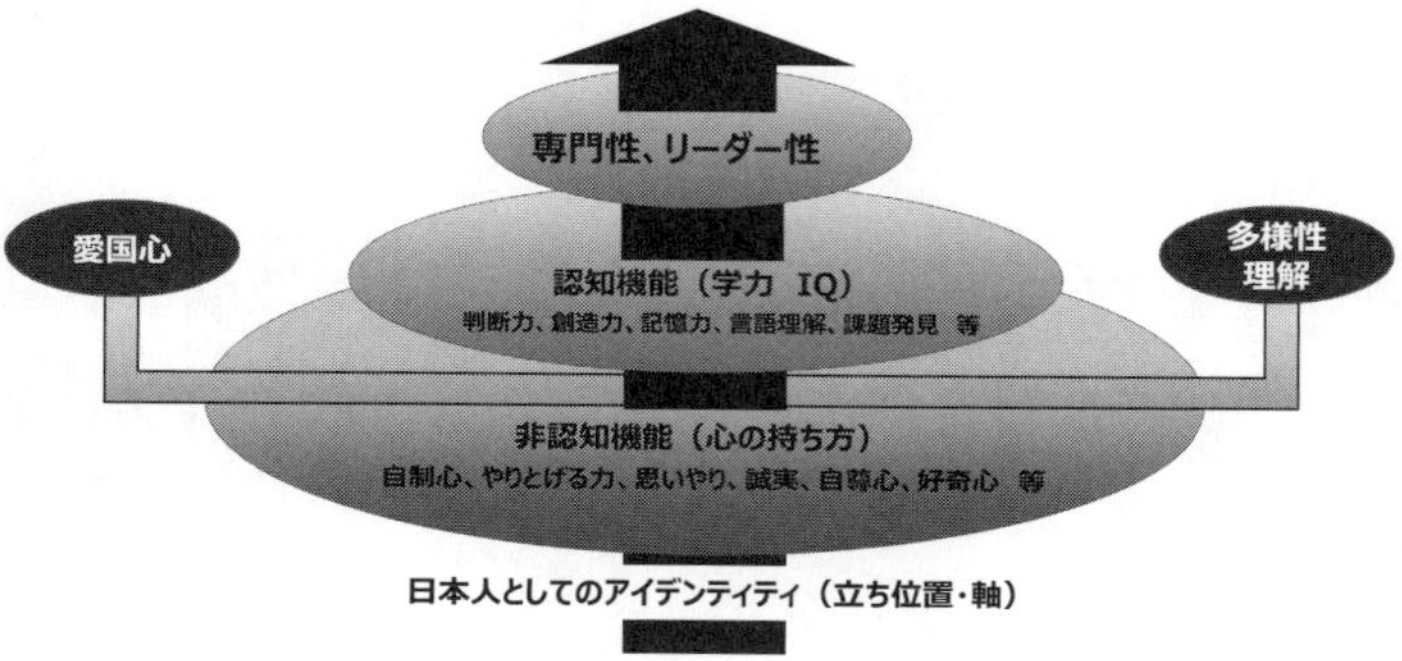

れる資質の構成要素を図式化した。

日本人の幹にあたる部分には「アイデンティティ」を置く。左右に伸びた腕で「愛国心」と「多様性の理解」をバランスさせる。これは「世界の多様性を理解しながら、自国に誇りを持ち、軸として自分のアイデンティティを持つ」という日本人の姿を表している。

ベースとなるのはやり遂げる力や自制心、思いやり、誠実さ、好奇心といった「心の持ち方」。その上に学力、理解力、判断力、創造力、コミュニケーション能力等を、さらにその上にグローバルに通ずる専門性、リーダー性を重ねていく構造をイメージした。このバランスと順番が非常に重要と思われる。軸（アイデンティティ）がなく、基礎部分ができていない頭でっかちな人間は、これから大きく変化する社会で活躍することは難しいだろう。

これらの資質のうち、軸となるアイデンティティに影

響する「日本人としての教育」などについては第3章でも触れるが、本章でわれわれが最も重要な要素として着目したのは、全体の基礎となる「心の持ち方」、後述する「非認知能力」である。この能力こそが、われわれの目指す「人創り」の核になる。

「非認知能力」とは――人として生きる力

「非認知能力」とは、「やり抜く力」、「自制心」、「忍耐力」、「社会性」、「意欲」、「好奇心」といった「人として生きる力」である。ノーベル賞を受賞した経済学者であり、教育政策にも造詣が深いアメリカ・シカゴ大学のジェームズ・ヘックマン教授が就学前児童教育の研究からその重要性を主張しているもので、ヘックマン教授によれば、幼年期に質の高い教育を受けたグループと教育を受けなかったグループでは、教育を受けた子どもたちのほうが、小学校入学時点のＩＱが高く、その後も高学歴で、雇用や収入などの経済的環境が安定した人生を送る傾向が強い。教育を投資としてみた場合、幼年期に教育した方がのちの人生で回収できる可能性が大きいのである。さらに興味深いことに、ＩＱや学力テストで計測される「認知能力」の効果は短期的である一方で、幼年期に鍛えられた「非認知能力」は学歴、年収、雇用などの長期的な面に影響する、ということがわかっている。

加えて、ヘックマン教授の研究において、社会で大きく活躍する大人の要素として、以下の6点が挙げられている。

①感情の安定、やればできる、自身に価値があると思う自己肯定感
②誠実さ、開放的、勤勉さなどの性格、特性
③自立、自律、メタ認知などの自己管理力
④外交的、協調的、リーダーシップなどの他者とのコミュニケーション
これら①から④のような「非認知能力」を生み出す元となる要素がベースにあって、
⑤知覚、判断、想像、推論、決定、記憶、言語理解等の「認知能力」
⑥学力、教養
などの要素が生きて、社会で活躍することができる。

①～④の基礎が最初にできて、⑤⑥の認知能力などをその上に積み重ねてゆく。これはわれわれのモデル図を裏づけるものであり、その後の人生における経験を通じてさまざまな能力を身につけるにあたっても、基礎としての非認知能力をもつかどうかによって、その効果は大きく違う。

著しいＩＴ技術の進展や急速なグローバル化による影響が避けられない将来では、人それぞれが自分の生き方を選び取る必要がある。中長期的に効果をもたらす非認知能力を、まだその

教育効果が大きい幼少の段階から教育することで、こうした変化により強い人材を育てなければならない時代になっているのである。

日本人の「認知能力」は概して高い

わが国の教育の問題として、短絡的な「ゆとり教育」がその元凶にあるという指摘がある。実際、これに応えるかたちで、最近は理系教育の充実や英語教育の必修化などの動きが出てきているが、ここでは「分厚い中間層をつくる」という視点から、教育課題を振り返ってみたい。

わが国の就学率、識字率は伝統的に高い。幕末（19世紀半ば）のデータでは、就学率では、当時の江戸が70～86％であるのに対し、イギリスの工業都市で20～25％程度、フランスに至っては1・4％である。識字率では、江戸の庶民が49～54％であり、武士に限れば１００％となる。これに対しイギリスでは、ロンドンの庶民が10％であった。江戸時代から現代に至るまで、日本は高い教育水準を保ってきた。

ところが、「ＰＩＳＡショック」と言われる、日本人の学力低下が報道される〝事件〟が起こった。ＰＩＳＡ（Programme for International Student Assessment）は、ＯＥＣＤが進める国際的な学習到達度調査である。３年ごとに調査が行われ、日本は２０００年の最初の調査において数学的応用力においては1位だったが、次の2003年の調査で順位を下げ、またもともと数学と比べて相対的に低かった読解力も同時に順位を下げたことから騒ぎになり、ゆとり教育の見直しのきっかけとなった。しかし冷静にデータを見れば、順位を下げたのは確かだが、得点でみると著しく低下しているわけではなく、知識学習（認知能力）は継続して高い水準を維持している。こうした観点からも認知能力の側面については、日本は世界のトップクラスとして十分な水準を維持していると言えるのである。

実は、2018年度に施行される改訂学習指導要領においては、小学校、中学校では「生きる力を育む」ために、3つの育てるべき資質・能力の育成を目指すと記されている。その3つとは①「知識や技能」、②「思考力、判断力、表現力」、③「学びに向かう力、人間性」である。これは変わりゆく現在の社会環境を考え、従来からの教育に関する知恵を活かしつつ、今後はより積極的に「生きる力」を身につけさせる必要がある、という考え方に基づいている。そして、3番目の「学びに向かう力、人間性」こそはまさに非認知能力である。

また改訂学習指導要領では、学習内容については常に「なぜそれをするのか」という理解を共有し、効果的な教育を行うとしている。たとえば「中学校の部活動」の目的としてはスポーツや文化、科学に親しむことに加えて、「学習意欲の向上、責任感、連帯感を養うために」実

19世紀半ば（幕末）の世界教育比較
――日本は就学率、識字率が伝統的に高い

	日本	英国	フランス
就学率	70～86%（江戸時代）	20～25%（工業都市）	1.4%
識字率	49～54%（庶民）武士は100%	10%（ロンドン）	

出典：石川英輔・田中優子『大江戸ボランティア事情』講談社，1999年

日本の順位と平均得点の推移
――知識学習（認知能力）は高い水準を維持

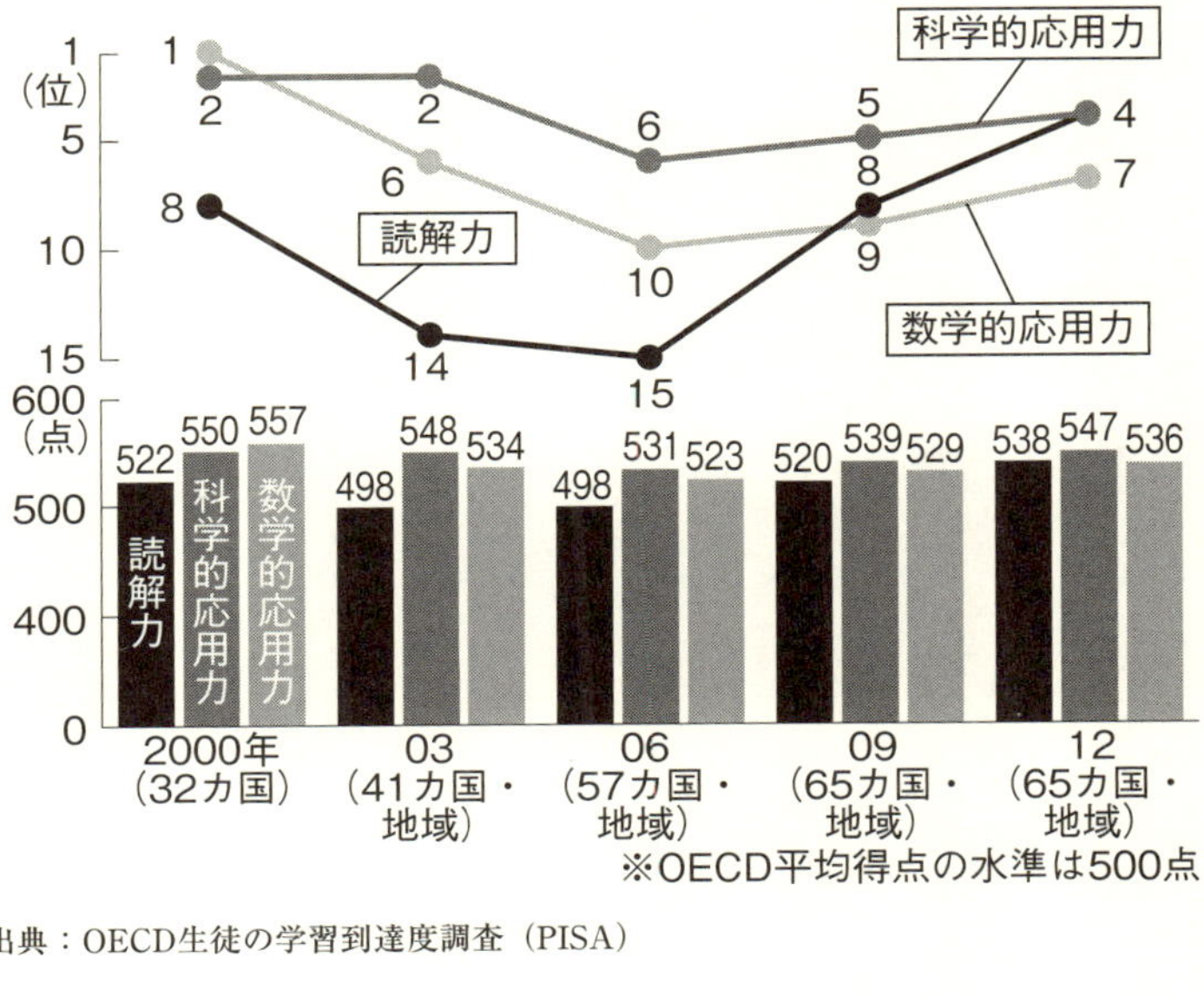

出典：OECD生徒の学習到達度調査（PISA）

施するとされており、学校でのさまざまな生活を通じて「生きる力」を身につけさせるという考え方が通底している。

2 非認知能力の向上こそが、時代を生き抜く人を育てる

日本人の非認知能力は低下している?

いまの子どもたちに目を向けると、学級崩壊は日常化し、いじめはより深刻な問題になっている。スマホのSNSやソーシャルゲームなどで刺激の強い情報を受ける一方で、友達がうまくできずにひきこもってしまう子どもや、何にも興味が持てずにすぐにあきらめてしまう子どもたちの話題もよく聞く。

社会的な活動が苦手だったり、問題を抱える子どもたちが増えているのはなぜか。その理由の一つとして、非認知能力が十分に備わっていないことがあるのではないかとわれわれは考え

る。現代では、子どもの家庭環境はさまざま、コミュニケーションも多様化し、行動の選択肢も増えている。それにともない、社会の中でうまく生活していくには高い能力、すなわち非認知能力が必要になってきている。社会とはある意味、高度な関わり合いが求められているにもかかわらず、彼らに必要とされる「生きる力」の育成がなりゆきに任されており、これを磨く機会が与えられていないことが大きな問題なのではないだろうか。

社会状況や技術変化が激しいこれからの社会では、子どもたちの非認知能力が向上しないまま成長し、大人になった時、自らの望む将来を実現することは、今以上に難しい状況になっているのではないだろうか。

内閣府が２０１３年に実施したわが国を含む7カ国（日、米、英、独、仏、スウェーデン、韓国）の13歳から29歳の若者の意識調査で、わが国の若い世代の意識が浮かび上がっている。この調査によれば、「自分自身に満足している」と答える若者は、日本以外の先進諸国では80％台であるのに対し、日本は45・８％と突出して低く、自己を肯定的にとらえている者が少ない。また「社会が変えられるかもしれない」と思う層は、同じく日本以外の先進国で52・９～39・２％。これらにばらつきはあるが、日本は30・２％とひときわ低く、同様に、「将来への希望」を持っている若者は、他国が80～90％であるのに対し、日本は61・６％である。非認知能力のいちばんの土台は「自己肯定感」であると言われているが、この調査は、他国と比べて自己肯定感を持ちにくいという日本の若者の傾向を示唆している。

子どもは自分に自信がつき、自分の才能や長所と思われる点をどんどん伸ばせるようになるにつれ、自己肯定感を増していき、失敗を恐れず果敢にチャレンジできるようになる。また、心に余裕が生まれるから人間関係の構築も上手くなる。このように自分の中の非認知能力を自分で育てていくことは人間の基本的な営みだが、他国と比べて日本の若者はそれができていない可能性がある。とすれば、特に幼年期、低学年から子どもたちの非認知能力を意識的に育てていく教育が求められており、その成功が、将来の日本人の活躍を大きく左右するのではないだろうか。

非認知能力を育む方法

非認知能力を育むには、まず社会的な経験を積ませることだ。社会の中で自律的に行動し、トライ&エラーを繰り返し、自らの手で何ものかをつかんでいく。そのために特に、自らの学びにつながる「体験型教育コンテンツ」の導入を提案したい。

「自己肯定感」につながる体験型教育

自然体験をしたことのない子どもたちが増えている。たとえば、1998年から2005年の7年間で、キャンプを「ほとんどしたことがない」子どもの割合は、約40%から50%へ、「海や川で泳いだこと」がないという子どもの割合も約10%から30%へと増加している（国立青少年教育振興機構「青少年の自然体験活動等に関する実態調査」2005年度報告書）。

しかしながら自然体験を豊富に経験している小中学生は、非認知能力の土台となる自己肯定感が身につく傾向にあるという。われわれは自然の中での体験型教育を学習体験に積極的に取り込むことを提案したい。

自然体験が学べる施設の例としては、宮城県石巻市雄勝《おがつ》町にある廃校を利用したモリウミアス（MORIUMIUS）がある。同施設のホームページを見ると、

「モリウミアスは、こどもたちの好奇心と探究心を刺激する複合体験施設です。暮らしと自然が共存する環境を学び、それを活かしたアクティビティや多種多様な交流を通じて、たくましく生きていく力が湧いてくる。こどもたちが自然と向き合って多くのことを学ぶように、街を訪れる人たちとの交流は雄勝町がより豊かに育ってゆくためのきっかけにもなります。

こどもたちと地域の明日をつくるために、モリウミアスは新しい出会いを生み出していきます」と、自然体験を通じて子どもたちの「生きていく力」を育てることを目的としていること

がわかる。

このモリウミアスで、子どもたちはキャンプをしながら、農業や漁業といった自然と触れ合うアクティビティを体験する。たとえば漁業体験では漁師の船に乗せてもらい、大海原に出る。そして採った魚や貝は子どもたちで自らさばき、その日の食材となる。農業体験では野菜や果物を収穫し、子どもたちの食事に供される。また、ニワトリの卵の孵化にも立ち会うことができる。不幸にして孵化しなかった卵は、皆でお墓を作り埋葬する。子どもたちは短い期間の中で仲間と協力しながら自分の力で、美しく時には汚い自然の中で自分の食べる物を準備する。これにより、努力することの大切さと達成感を体験することができる。この体験が自己肯定感の育成につながるとともに、自分ではコントロールできない大きな自然の力や生命の尊さ、大切さについても学ぶことができる。

モリウミアスの自然体験に参加した子どもたちの目が、日ごとに生き生きとしてくるそうだ。7泊8日のプログラムに参加したある子どもは、「時計の針を1週間戻したい！」とつぶやきながらも、丸太運び、薪作り、露天風呂、沢登り、豚の世話、新しい友達との思い出などを、滔々と語ったという。親はその話を聞きながら、子どもがたくましくなったことを実感したそうだ。そこには単に「楽しかった」には還元できない〝自己肯定感〟を垣間見ることができる。体験学習が重要な機会であることは言を待たない。家庭でも自然を体験する機会を子どもに与えることはもちろん重要だが、自治体・企業などとも連携し、学校や地域でこのような自然体験学習の機会をもっと増やすことを提案したい。

ボーイスカウト・カブスカウト

ボーイスカウト・カブスカウトは、英国の軍人、ロバート・バーデン・パウエル卿が１９０７年に少年たちを英国のブラウンシー島に集めて行った実験キャンプが発祥とされるが、この活動こそ体験型学習の元祖と言える。ボーイスカウト・カブスカウトは、その活動を通じてより良き社会人を目指す運動で（ボーイスカウト日本連盟ホームページ）、仲間たちと自然の中で遊び、試行錯誤しつついろいろなスキルを身につける活動を通じ、自己肯定感とともに、組織の中での人とのつき合い方、それに付随する誠実さ・自律・コミュニケーション能力などの非認知能力を身につけることができる。

かつては約20万人の団員がいたボーイスカウトであるが、現在は約11万人と減少している。近年の団員数の低迷には少子化に加えて、ボランティアの指導者になり手がいない、ユニフォーム等が高価すぎる、とさまざまな理由があるようだ。われわれは、学校外のこういった活動への参加推進や参加する子どもたちへの支援も積極的に行うべきだと考える。

身近な場所にある歴史を体験する

歴史教育は、年号や事件、人の名前を覚える教育だけではない。歴史とつながりのある場所でその歴史を学ぶという方法も、好奇心などの非認知能力を成長させる貴重な機会となる。歴史教育は、自分が生きる国について誇りを持ち、主体的に社会に参画してその発展に寄与する態度を身につける絶好のチャンスであり、自分自身と地域のつながりを知るきっかけとなる。座学で学ぶ歴史教育のこうした機会を活用し地域と連携して、土地の偉人といった身近な歴史的素材を「体験」することは、好奇心の醸成につながる。

たとえば、われわれが実際に訪問した新潟県阿賀野市の吉田東伍記念博物館は、日本の歴史地理学の先達で、『大日本地名辞書』を編纂した吉田東伍（1864～1918年）を記念した博物館であり、地域の学習の場として大いに活用されている。また、江戸時代に防風、防潮、防波堤防として整備された和歌山県の「水軒堤防」は、この堤防を保全している花王などの企業と地域とが連携して、地元小学生の教材として活用されている。

身近な場にあり、〝いま〟につながっている歴史に触れることによって、社会の一員である自身のアイデンティティを自覚するとともに、非認知能力をアップするきっかけを与えることが可能である。

なお、本項では学校教育期を対象に非認知能力を伸ばすための教育コンテンツを紹介したが、幼少期においても、家庭で行う基礎的なしつけから「読書」「手伝い」などの機会が数多くある。家庭でこれらをしっかり提供できるかどうかが子どもたちの非認知能力、ひいては将来に大きく影響することが知られている。

教育の責任は「国が持つ」

子どもの教育は、教員、親、地域など多くのステークホルダーがかかわり、重要な役割を担うが、これほど重要な分野について、その運営の責任をあいまいにすることは許されない。非認知能力という新しい概念が提示され、その教育手法も日々進化していく時代において、より高度な教育を子どもたちに与えていくことはわれわれ大人たちの義務であるが、その一貫した運営権管理、責任は国が負わなければならない。

文部科学省は官邸の教育再生実行会議などとも連携しつつ、教育行政の所管省庁として、教育のあるべき姿を模索している。前述のとおり、２０１８年度に施行される改訂学習指導要領では非認知能力、多様性理解を重視するなど、現代の教育が直面する課題を理解し、時代に追いつく教育を計画、実施しようとしている。

しかし現在の行政システムは、こうして文部科学省が新しい教育プランを進めても、教育現場の末端がそれを実行するにはなかなか至らない構造になっている。文部科学省と公立学校の校長の間には、通常、都道府県教育委員会と市町村教育委員会という2つの行政組織が挟まっている。文部科学省は、これら教育委員会にガイドラインの提供など「指導・助言・援助」はできても、基本的には「指示」をする法的権限を有していない。結果として、文部科学省が計画の主体として最新の施策を打ち出しても、それが学校で実施されるまでに何層もの組織を通過する必要があり、現場に直接は伝わらない。結果、計画がしっかり実施されているかはあいまいとなり、誰もが責任を持てない仕組みになっているのである。

戦前、国は学校教育にもっと直接的に関与していたが、戦後、教育委員会ができたことでわが国の教育は、文部省（当時）―都道府県の教育委員会―市町村の教育委員会―学校という四層構造になった。教育委員会制度はGHQ占領下の1948年に導入されたもので、当初は、戦前の教育の反省から「首長から独立した行政委員会」として設置され、政治的中立性の確保などの意義を有するものとされた。しかしその後時代は変遷し、教育委員会の組織や権限も一貫して大きくなり、制度改革が何回も実施されたが、教育の権限と実施の責任の所在が分散している状況は変わっていない。

学校の抱える課題が多様化し、スピーディかつ透明性のある対応の必要性が高まる中で、今の教育委員会の審議は形骸化しており、事務局の提案を追認しているだけではないかという批判もある。そしてその事務局は、多くの教員から構成されており、学校の狭い社会の考え方がそのまま持ち込まれているのではないだろうか。これから社会に巣立つ若者たちの教育において、その内容が、専門家ではあるが一般社会の経験が少ない教員中心で決定され、その責任が明確ではないということにわれわれは疑問を抱かざるを得ない。

教育改革にあたっては、当然、現場をよく知る教員の声が大いに参考にされるべきであろう。しかしその一方で、わが国の将来を担う子どもたちのためであればこそ、教育には国が最後まで責任を持つべきであり、時代に合わせて計画される教育内容やその方法については、国の「指示」が学校に届くよう、現在のシステムを変更すべきである。

たとえば最近、雑務が多すぎて授業の準備にまで十分手が回らない教員が多く、その原因の一つには部活動があるとの報道が話題になっている。その真偽は定かではないが、残念ながらそういうことがあっても仕方がないのではないか、と考えられる現状が確かにある。新学期には比較的詳しく教えてもらったが、後半になるにしたがって教員は疲れ、だいぶ手抜きの授業になったという経験を持つものが、われわれの周りにも数多くいる。新しい教育の計画実行についてさえもそんな多忙な教員たちに任せ切りで、さらなる負担を強いるのであれば、子どもたちに新しい時代にふさわしい教育を行っているとはいえないだろう。

わが国の教育の立て直しを考えるにあたって、まずその権限と責任を明確にしなければならない。

現場の末端までストレートに届く行政の実現

国が最後まで教育に責任を持つ行政を確立するためには、以下の2点が必要である。
①国（文部科学省）が時代にあった教育の内容・方法をしっかり規定・計画する
②教育を計画する文部科学省が教育の実施主体である各地方自治体に強い指示権を有し、指示が学校現場の末端まで浸透するところまでの責任を持つ
これを実現するためには、権限と責任の所在の不明確さにつながる教育委員会制度の廃止とともに、われわれはそれに代わる行政組織の新設と、学校を統括する校長の責任の明確化・権限の強化が有効であると考える。

教育委員会制度を廃止するといっても、小中学校だけでも全国に約3万校近くある学校を、東京にある文部科学省が直接、指揮監督することは現実的ではない。指揮監督の役割を持つものとして現在の教育委員会に代えて、都道府県、市町村の行政組織の中に「学校教育部」を新

設し、ここで各学校の監督や教員の採用・配置といった人事、予算などの事務を首長の責任で実施すべきと考える。

現在の教育委員会は、教育委員間の審議によって意思決定を行う合議機関のため、スピード感に欠け、深刻かつ複雑な問題である「いじめ」などに対して適切な対応ができていないと批判されることが多い。教育委員会を廃止し、各首長の下で通常の行政機関として、より運営能力の高い人材とも協力して運営が行われることになれば、国の指示権の強化と合わせて、国が厳格に規定した教育内容や方法はより直接的に学校に伝わる。さらには学校内での校長の権限を強化することで、各教室によりストレートに伝わることになる。

さらに、その実効性を確保するため、われわれは、教育現場での運営について国がチェック・改善する機能を持つことも重要だと考える。そうした発想から、「教育監査院」の設置を提案したい。各行政機関や学校を定期的に監査し、問題がないかをチェックし、必要に応じ是正を指示・勧告する権限を有する政府機関を、文部科学省から独立したかたちで設置する。英国にも「オフステッド（Ofsted：Office for Standards in Education）」という類似した機能を持つ組織があるが、「教育版会計検査院」といったところであろうか。

学力向上が見られない学校や、いじめが絶えない学校、あるいは定められた教育内容と相容

理想の教育が現場の末端までストレートに届く行政システムの実現

＜目指すべき方向性＞　国が最後まで責任を持つ行政システム
①国の指示権の強化と**教育委員会の廃止**（「4層構造」是正で指示系統を一本化）
②国が**教育の内容、方法を厳格に規定**、**校長の権限強化**（方針を末端まで浸透）
③国による**教育監査の実施**（方針に反する現場を確認し、速やかに改善）

＜改革案＞　首長を通じたコントロール
・現行システムからの移行　**教育委員会を１０％スリム化、学校教育部へ移行**
・教育内容が首長の思想信条で左右されないよう、国の**教育内容・方法規定**とセット

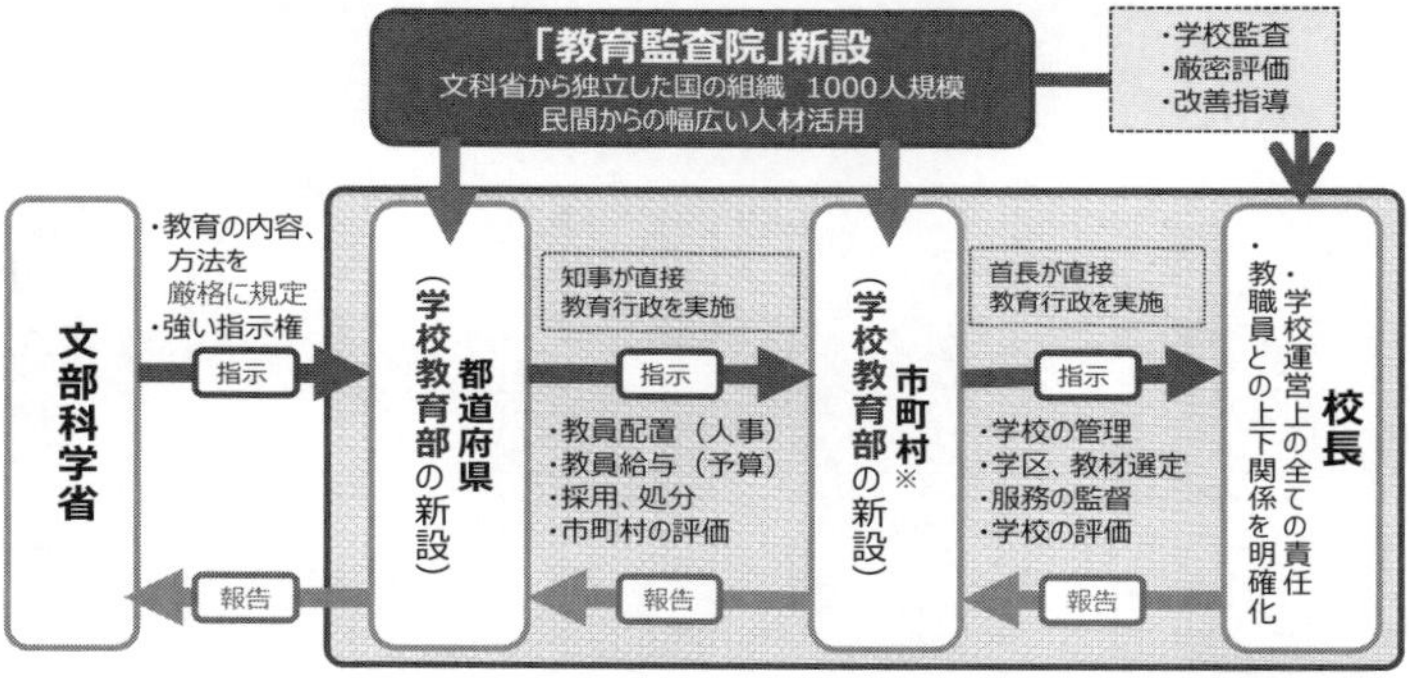

※政令市・中核市は国が直接監督

れない授業を行う学校をチェックし、是正を指示・勧告するお目付役である。この組織には、文部科学省に対して実情にあった提案を第三者的な立場から行う提言機能を持つことも期待できる。大きな組織である必要はなく、われわれの試算では、現場を知る教員を、教育委員会の廃止にともなって配置転換し、１０００名程度の規模でスタートできると考える。

こうした改革が本当に実施できるのだろうか。現在、全国の教育委員会事務局には約６万８０００人の教員が勤務している。多くの人々は教育委員会から各自治体の「学校教育部」へと移行するが、「意思決定」を主眼とする

教育委員会と違い、「学校教育部」は国の方針を「実施」することに主眼がある。これを考えれば、組織体制はかなり合理化することが可能なはずである。教育監査院に必要な1000人程度を教育委員会の定員から移管した上で、定員のスリム化を図っても、「学校教育部」は十分に機能できるであろう。

ブラック企業化している教育現場

先にも述べたように、学校が担う役割の拡大と変化によって、教員の時間外勤務が大幅に増加している。そんななか、「小学校で3割、中学校で6割の教員が過労死ラインにある」という衝撃的なニュースを覚えている方も多いであろう。2017年4月に発表された文部科学省の小・中学校「教員勤務実態調査」の結果である。

同年3月、政府が進める働き方改革では残業時間の上限を「年間720時間以内」「月100時間未満」とすることが決定されたが、実は公立校教員はこの上限規制の「対象外」となっている。企業であれば上限を超えない経営努力が要請されるが、公立校ではそれがなく、いまの時代においても、その長時間労働は見直されず、歯止めがかからない現実がある。

保護者や社会からの要請が多様化・複雑化し、教員が直面する課題も多種多様に広がる中で、教員の職務が多岐にわたり、時間的・精神的な負担が増大している。いかにして業務の効率化を図り、しっかり余裕を持って子どもたちと真剣に向き合う時間を確保していくかが、教員に求められており、そのための抜本的な改善策が待たれている。

われわれ自身の幼少期を振り返ってみれば、かつて学校は、〝授業〟を主として、生徒指導・学校行事・部活動などを担い、家庭や地域も連携し協力し合いながら良質な教育環境を整備維持することに努めてきたように思える。教員は子どもの心身の発達にかかわり、人格形成に大きな影響を与える。その大多数は使命感や誇り、愛情を持って教育に携わり、研究と修養に努めてきた。そのような教員の真摯な姿勢は広く社会から尊敬され、高い評価を得てきた時代があった。

しかしながら現在、教員をめぐる状況は大きく変化し、彼らの資質能力に頼るだけで十分なのかがいま問われている。グローバル化や知識社会化（知識基盤型社会化とも言う）にともなう新しい教育への対応が求められる一方で、家庭や地域の環境変化と教育力の低下、モンスターペアレントに代表される理不尽な保護者対応の増加、不登校やいじめ、虐待への対応、土日を含む部活動の肥大化など、明治時代に普及した現在の学校制度の枠組みは次第に歯車が狂い始めた。

本来は家庭や地域が果たすべきであった教育も含め、「子どもたちにかかわることすべては、学校の業務範囲内である」という認識がいつの間にか広がった。日本全国でそれが当たり前のものとなり、学校にはさまざまな問題が持ち込まれるようになっていった。

保護者の高学歴化も学校への要求が増える要因になっただろう。高学歴の保護者が子どもの学校教育にコミットするようになり、教員は、その対応に明け暮れることになった。長い期間を経て要求される仕事量は増え、いつしか常態化し、「日本の教員は世界一多忙」となった。しかも同時にこれは、教員の権威を少しずつ失墜させることにつながった。

一方でわれわれは、教員自身の〝仕事観〟にも変革が必要であると考える。多くの教員が「経済的には特に裕福というわけではなく、気苦労や犠牲も多いが、子どもと接する喜びとやりがいのある仕事」という自身のイメージを持っている。しかも、子どものためには労苦をいとわない献身的な教員像が子どもや保護者にも共有されており、多くの付加的な作業に忙殺されていること自体も、そうした自己意識を皮肉にも正当化している側面があるようだ。

しかしながら、教員が実際に行っていることの中身は、評価を受ける機会がない煩雑な作業であったり、その意図が理解され、感謝される類のものではない。それが「これだけやっても評価されない」という徒労感を生じさせ、場合によっては、精神的に追い詰める結果をもたらす。こうして多忙を極めた教員は、働いている実感を得ることが困難となり、大切にしていた職業意識を満たすことができない状況に陥っている。

いま一度、教員の役割を明確にし、子どもたちのための業務に専念してもらうことによって、本来あるべき教育の姿を取り戻し、子どもたちとしっかり向き合える時間をつくることが急務である。

公立小中学校の教員の数が適切かどうかを考える基準には、「教職員定数」という考え方がある。ちなみに2016年度の教職員定数は69万3557人である。文部科学省はこの教職員定数を基準に予算を立案する。この教職員定数には基礎定数と加配定数の2つの区分があり、前者は児童生徒の数で決まり、後者はいじめや不登校など個々の事情で教員を配置する仕組みである。

文部科学省は2017年度予算で、障がいを持つ子どもの教育や外国人等への日本語指導などの特別支援教育の基礎定数化を要求した。それは、基礎定数化することで教員を安定的に確保できるからである。

ただ課題はそれだけではない。この教職員定数が、きちんと現状をとらえているのか、それ

教育現場の環境悪化—教員の数は足りていない

■首都圏の小学校　：少子化が顕著。基礎定数割合は平均並み。
非常勤、講師などを活用して、授業の品質を担保。
■地方都市マンモス校　：900人規模にも関わらず、全国平均よりも定数が低い
■過疎地の小学校　：全国平均よりも定数が高いが、
実際の学校運営のための職員数は不足。

全国平均で表現される教職員の定数議論が教育現場の実態に即していない

	首都圏の小学校	地方都市のマンモス校	過疎地の小学校
校長・教頭	2	3	2
教務主任	－	1	－
初任研担当	－	1	－
級外	6（専科、非常勤）	3	－
養護教諭	1	2	1
クラス担任（特別支援クラス含む）	15（6学年・14クラス）	31（6学年・31クラス）	4（6学年・4クラス）
事務員等	4	4	1
用務員	2	2	1
調理員	4（栄養士含む）	6	1（給食配膳員）
介助員	5	2	—
その他	1	5	1
合計	40	60	11
生徒数	318	890	32
教員一人ごと生徒数 17.4	7.95	14.8	2.9
40生徒ごと教職員数 2.87	5.03	4.05	13.75
「基礎定数」割合 ※16.2	15.7	12.9	15

フォーラム21 第３分科会作成　　※10クラス当たりの教職員定数

を検証するために、実際に訪問した小学校から教員のデータを入手し、その比較をしてみた。サンプルは①東京23区内の小学校、②地方の政令市で新興住宅地に位置し、児童数９００人規模のマンモス校と呼ばれる小学校、そして③児童数が少なく、複式学級を含む過疎地域の小学校の３校である。

東京23区の小学校は、都心特有の少子化が顕著であり、生徒40人当たりの教員数は若干平均より高いものの、教員の数そのものでは平均を下回っている。こうした学校は都会の求人力を

利用し、非常勤、講師等を活用して授業の品質を担保しているようである。

次に、地方都市のマンモス校であるが、こちらは生徒40人当たりの教員数がわずかに平均を上回る他はすべて平均を下回っている。こういった学校では、「級外」と呼ばれる特定のクラスを持たない、いわゆるバックアップ教員によって、授業の品質をカバーしている。その他に、特別活動などを企画する地域コーディネーターなど、地域住民との関わりによって、教員の負担を軽減しているケースもあった。

最後に過疎地域の小学校であるが、こちらは児童数が少ない分、圧倒的に各定数が全国平均よりも高い。しかしながら、実態を現場で見てみると、教員が関わる校務事務は児童数が少ないからといってラクになるものではなく、教員一人当たりの負荷は、単純に定数では議論できるものではないと感じた。

以上のことからも、わが国全体で議論される「教職員定数」の考え方は、教務・校務の分担のために学校外の企業や組織などを利用できる大都市・地方都市圏はともかく、その外にあり、わが国の大部分を占める過疎地域などの地方の小中学校では、実態に即した指標になっていないように思える。また、2018年度に施行される改訂学習指導要領にともなう新授業では、指導方法の工夫改善のためにより多くの教員が必要となる。教職員定数問題が、教員の力を十二分に発揮することを大きく阻害する要因になるのではないかと、大いに危機感を抱いた。

「チーム学校」の実現

われわれは解決策として、現在、文部科学省が進めようとしている「チーム学校」を早急に実現させることが必要と考える。「チーム学校」とは、文部科学省が初等中等教育の学校現場において推進しようとしている新たな学校組織の在り方を指し、具体的には学校における多様な課題や教員の負担増に対応するために、教員に加えて、事務職員やスクールカウンセラーなどの専門スタッフがそれぞれの専門性を活かし、従来教員が中心となって担ってきた業務や課題について、分担または連携・協力しながら、組織的に対応する体制を指す。この体制は子どもたちの保護者である親とも密に連携するものである。

この「チーム学校」実現のためには、①専門性に基づくチーム体制の構築、②学校のマネジメント機能の強化、③教員一人ひとりが力を発揮できる環境の整備が求められる。これら３つの視点に立ち、学校のマネジメントモデルの転換を図ることが必要である。

具体策は以下のとおり。

①教員は授業準備等により多くの時間を割き、児童生徒を十分に指導するために作業の集中と選択、効率化で慢性的な教員不足を改善していく。日常業務について、教員が従事すべきものと、スクールソーシャルワーカーやスクールカウンセラーなど専門スタッフと連携すべきもの、教員以外の職員が分担すべきものなどの整理を行い、教員が行うべき業務に専念できる環境を整備する。

また、部活動などの業務は、学校外の企業や地域連携、たとえばスポーツクラブや地元高齢者への委託も検討する。地域住民と問題を共有するための役割として、「地域連携担当教職員」（仮称）を法令上に明確化することも検討されている。これは一方で子どもたちの受ける教育の専門性が高まるとともに、彼らが社会性を身につける機会になる副次的効果も期待できる。

②チームとして機能させるため、校長のリーダーシップのもと、学校マネジメント機能をいままで以上に強化。校長の補佐体制を強化するため、副校長を配置することや、学校の外部との交渉などの役割ごとに複数の教頭を配置することを検討。管理職と教員と専門スタッフとの間に立つ役割を担う主幹教諭に活躍してもらい、全体の円滑な活動をうながす。

③教員が力を発揮できるよう、その役割をより明確にした人事評価制度の導入や、学校現場における業務環境の改善、教員に対するメンタルヘルス対策などを推進する。チームで分

担し連携して問題解決を図っていくことで、教員はさまざまな役割の中でも最重要の職務である「教科指導や生徒指導」といった業務に、より集中して取り組めるようになる。

ICTで授業の質を高める

2018年度からの改訂学習指導要領で掲げられているカリキュラム・マネジメントや「主体的・対話的で深い学び」のより質の高い実現のため、徹底的にICTを活用することを提言する。これまでも、PC教室の導入など、ICTを活用する施策は行われてきたが、授業への活用は限定的で、一般教室における授業において常にICTが活用されるような環境は、なかなか実現していない。

授業へのICT活用に関しては、児童の「関心・意欲・知識」に加え、「思考力・表現力」にも効果があることが実証されている。さらに、教員の経験年数に比例するとされる「授業構想力」は、ICT活用によって経験年数に関係なく高められ、その効果は教員のICTスキルにはよらないという結果も出ている。

さらに、

①デジタル教材の一斉配布や回答集計による一斉学習

②デジタル教材による児童一人ひとりの能力やペースに応じた個別学習
③児童同士のグループ学習や協働作業を通じての互いに教え合う協働学習
といったICTが可能にする学びは、学習意欲、自律心、創造力、コミュニケーション能力といった非認知能力を向上させる効果も期待できる。

たとえば、ある学校では歴史の授業において教科書による学習の後、二人組でタブレットPCを使い、歴史の出来事に関する動画を利用して、その時代の「政治」「国の様子」を手分けして調べ、お互いに内容を報告させている。こうした方法によって歴史上の事実を単なる年号として覚えるのではなく、時代背景やそこに至る理由を含む全体の流れを理解するとともに、自分の考えをまとめる、他の生徒と共有するなどのコミュニケーション能力も磨かれてゆく。

また、年間授業時間数のおよそ半分の時間数をICT活用に当てている大阪市のとある小学校では、1時間の授業のうち、25分間は児童同士の学びとしている。単にICTを利用するだけでは、よくできる児童とそうでない児童の差は変わらず開いたままである。この学校ではICTツールの導入により効率化されて生まれた時間を活用して、児童同士の「教え合い」を行うことにした。授業理解の進まない児童が、他の児童の説明を聞く機会を設けるのである。これによって、先生からの一方的な授業を聞いているよりも理解度が深まるそうだ。

このように、ICTのより効果的な手段を発見し、授業の質を少しでも向上するツールとして活用することがいま求められているのである。

ＩＣＴで教員の時間を生み出す

ＩＣＴは増え続ける教員の事務負担の軽減のためにも利用可能である。校務のためのＩＣＴ環境を整備し作業の効率化により、教員が子どもたちと向き合う本来的な時間を創出していきたい。

文部科学省は地方公共団体における学校（公立小中学校等）を対象とした情報セキュリティポリシーの策定や、見直しを行う際の参考となるガイドライン策定を検討してきた。背景には、教員が校務事務で使うＰＣの数やセキュリティ対策の不足により、私物ＰＣを持ち込んだり、仕事を持ち帰るという実態があり、このことが情報漏えいなど深刻な問題につながっている。

大阪市教育委員会では、ＩＣＴ環境の整備によって教員の校務事務の負担軽減を図り、学校における情報セキュリティの向上を図るなど、時代に則した学校の情報環境を整備するため、２０１３年度から「校務支援ＩＣＴ活用事業」を実施してきた。

事業の目的は「ＩＣＴの活用により教員が児童・生徒と向き合う時間を増やす」ことで、ＫＰＩ（重要業績評価指標）として、教員一人あたり年間１００時間の校務効率化時間を創出することとした。

それまで児童名簿、出席簿、通知表、指導要録など教員が数多く作成する書類は手書きが基本であり、基本の名簿情報を毎回転記するなどの単純作業が行われていた。膨大な稼働時間や書き写しのミスによる父兄からの苦情、それに対する対応などもあり、こうした作業は、ただでさえ時間のない教員にとって致命的な時間のロスとなっていた。

しかし今回のＩＣＴを使った作業効率化の結果、試験導入を行った31校平均で、比較的校務事務の負担が集中する教頭で年間１３６・３時間（1日平均34分）、一般の教員で年間１６８・1時間（1日平均42分）という想定をはるかに超える時間創出の結果を得た。この結果は、先生が生徒と接する時間が増える、休日出勤の負荷が軽減されるなどの効果を確実に生み出せている。

将来ＡＩが進歩すれば、授業やテストでの回答内容から生徒の理解度を自動的に測り、その生徒に合わせた補強問題や応用問題を出して、知識を身につけさせたり、より難しい問題にチャレンジさせたりするなど、きめ細やかな教育、飽きさせない教育が可能で、しかも教員の負担を増加させることなくこれが実現できるようになる。

教育に関するお金の流れ

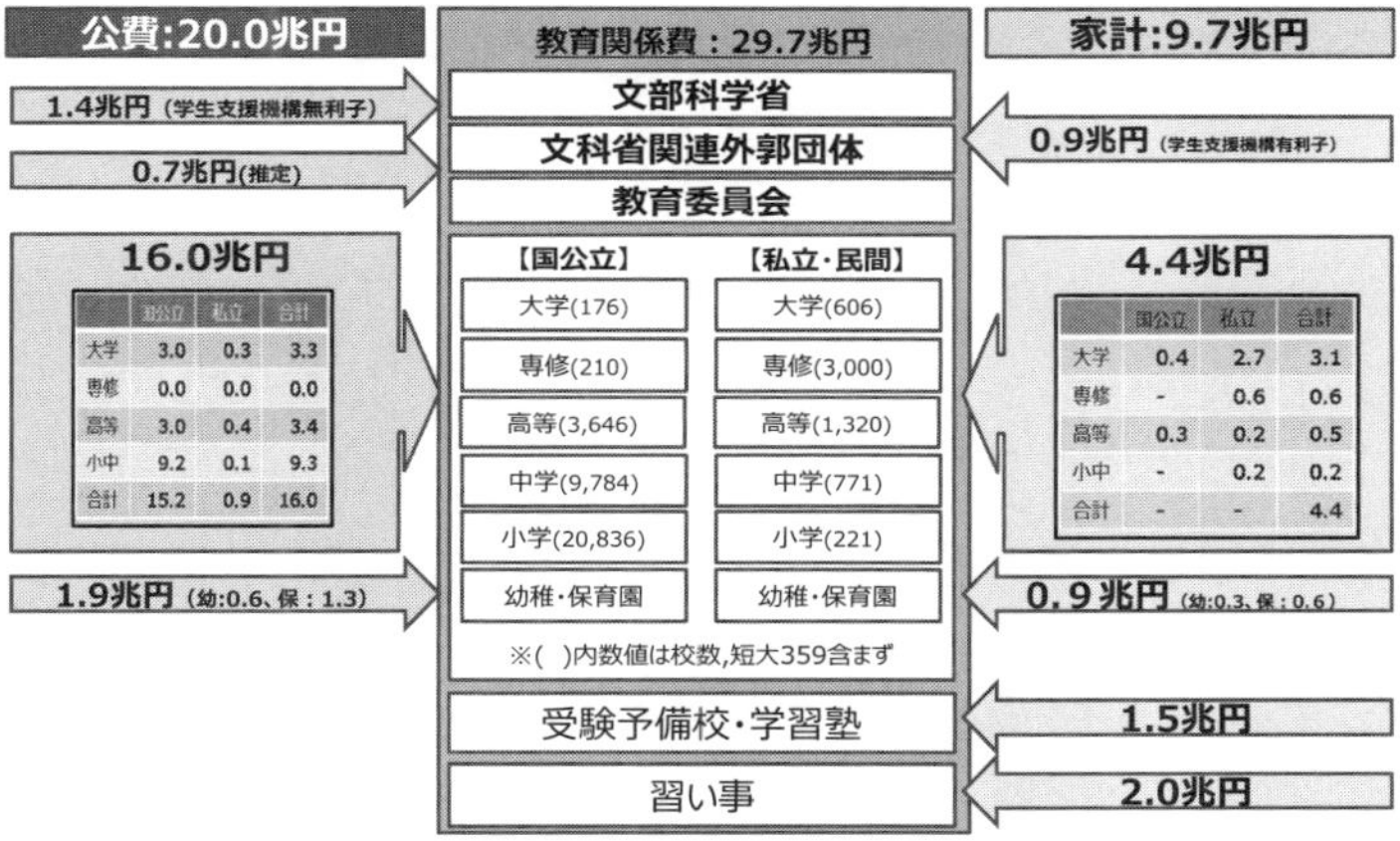

16.0兆円

	国公立	私立	合計
大学	3.0	0.3	3.3
専修	0.0	0.0	0.0
高等	3.0	0.4	3.4
小中	9.2	0.1	9.3
合計	15.2	0.9	16.0

4.4兆円

	国公立	私立	合計
大学	0.4	2.7	3.1
専修	-	0.6	0.6
高等	0.3	0.2	0.5
小中	-	0.2	0.2
合計	-	-	4.4

フォーラム21 第３分科会作成
「我が国の教育財政について」文部科学省、「教育産業市場に関する調査」、「お稽古・習い事に関する調査」矢野経済研究所を元に推計

教育にかかる「お金」を見直そう

　子どもたちの非認知能力を向上させる教育プログラムの導入・実施も、疲労した現場を解消する健全な教育環境の整備も、その実現のためには施策を実行する予算の確保が重要となってくる。われわれは、そもそもわが国の教育予算について、国や家計を含めて、全体としていくらのお金が動いているかを把握することに取り組んだ。

　その結果、現在、学校や塾などの費用として、国や家計はトータルで30兆円のお金を使っていることがわかった。公費としては、国や地方自治体から国公立の小中高大の各学校に15兆円、私立学校等に９０００

億円、幼稚園・保育園に1・9兆円、トータルで20兆円である。また、家計からは、大学授業料等で約3兆円、塾や習い事のために3・5兆円の計10兆円など、合計30兆円もの巨額の資金が教育のために使われている。

将来の子どもたちのために、必要なお金をかけ、よい教育を実施することについての異論はあまりないと思われるが、一方で、社会保障費用が毎年増大し、民間企業においては厳しいコスト管理が求められる中、際限なく教育に税金をつぎ込むことには、国民的な理解が得られないと考えられる。そこでわれわれは、現在の教育予算をゼロベースで見直し、無駄（死に金）を排除して、必要な予算（生き金）のために振り向けることを基本的なスタンスとして、教育予算の組み替えの検討を行った。

まず、「生き金」となる新しい教育投資である。ＩＣＴ導入や非認知能力の向上に必要な事業の実施のために、約１１２０億円の費用が必要と試算したが、この費用を工面するため、主に大学に関する助成金等の無駄な予算（死に金）を削減することで、必要な財源を生み出すことを提言する。

具体的には、現在の国立大学の運営交付金約1兆円を5％削減し、約550億円を捻出する。国立大学の運営交付金はこれまでも年間約1％ずつ削減されてきたが、わが国の大学のプレゼンスが低下する中、コスト競争力を高めて国際競争力を向上させるために、国立大学に一層の努力を求めることとする。また、私立大学については、現在約600校ある中、約9割の大学が基本的に学校のサイズに比例した助成金を受給しており、学校の規模や人数が増えればそのまま助成金が増える仕組みとなっている。こうした現状に対し、少子化の進む現状から考えても現在の私立大学の数が多すぎ、競争力の観点から見て大学数を減らすべきという批判はある。一方で、私立大学の経営の自主性も考慮する必要があることから、私立大学の自らの一層の経営努力を促すため、国からの毎年の助成金約3000億円を10％削減し、約330億円の財源を捻出する。このほか、各都道府県や市町村に設置されている教育委員会の廃止、首長部局への移管にともない、全体の定員を5％（約3400人）削減、人件費に換算して約250億円をカットする。これにより計1130億円を捻出し、「生き金」となる財源を生み出すことを提案したい。

なお、所得水準にかかわらず、すべての子どもたちの高等教育への進学機会を確保するための支援措置について、現在、政府でも議論が進められているが、こうした政策は社会保障のあり方も含めた大きな枠組みでの議論が必要となるため、われわれの今回の提言フレームの対象とはしていない。しかし、子どもたちの教育機会の確保はきわめて重要な政策のため、今後積極的に議論を進めることが必要であると考えている。

3 2050年、〝人創り先進国〟を目指して

今回の一連の取材の中で、宇宙飛行士の向井千秋氏にもインタビューする機会を得たが、その中での向井氏の「教育は夢を叶えるためのツールである」という言葉がたいへん印象に残った。日本人の多くが志の高い夢を持ち、自己実現のための努力をあきらめずに続けられるかが、わが国にとっては勝負所だと感じた次第である。

本章では夢を抱く未来の日本人を育てるためには、非認知能力の強化に焦点をあてた教育カリキュラムの作成、実施と、教育現場における環境整備のためのハード・ソフト両面での改革が必要と提言してきた。

将来のわが国を支える分厚い中間層を継続的に輩出する構造を、教育の観点から生み出して

いくことがわれわれの理想である。また、その中から優れたイノベーションを起こす人材や、多くのグローバルリーダーが生み出されることを期待する。

国は責任を持ってわが国を支える次世代の「人創り」を推進する。学校教育の主役である教員は、「生きる力」としての「非認知能力」の教育をはじめとして、児童と向き合う十分な時間を持ち、親や地域社会とも連携をして子どもたちを育成してゆく。国民すべてが次世代を育てることの重要性を理解し、彼らを全力で支援する。日本人は個として自立し、精一杯の自己実現を行うとともに夢の実現を目指し、結果として「公」であるところの社会・国に貢献する。この努力の総和が国力である。

日本が「人創り先進国」として質の高い若者たちを育て、彼らが従来世代と協力し、いままで先送りにされてきた日本の課題を解決していくことで、〝社会課題先進国〟から〝社会課題脱出先進国〟になっていくことが、２０５０年のわが国のあるべき姿だ。

新しい教育を受けた子どもたちが社会に出て活躍するのが20年先であるという事実からも、改革は間を開けず、いまから始める必要がある。

今回のわれわれの提言が実を結び、「非認知能力」を身につけた子どもたちが、分厚い中間層を形成する社会人となり、健全な納税者となってわが国を支える層に成長すれば、2050年のわが国は、世界に存在感を示す国であり続けることができる。幾多の自然災害を乗り越え、また先の大戦の敗北の惨禍という試練から復興を成し遂げた日本人なら、きっとやり遂げることができる。

われわれは今回の提言を、子どもを持つ親世代、学校の教員をはじめとする教育関係者、政治家、公務員をはじめとして教育行政に携わる人々に訴えたい。ご意見をいただければ幸いである。

*

最後になるが、本章をまとめたわれわれメンバーの多くは、幼稚園児から社会人まで、さまざまな年齢層の子どもたちの親でもある。わが息子・娘たちにも、この激変する世界にあって自律心を持って、夢とそれをかなえるビジョンについて想像をめぐらし、自己責任のもと実行できる人材に成長してくれることを願い、それに取り組んでいきたい。

第3章

世界に日本の存在感を示せる人物を創る

第4分科会◉テーマ：トップリーダー教育

1 リーダー教育へのわれわれの想い

トップリーダーを意図的に創る

国民を牽引して日本を変革し、世界と戦えるリーダー候補人材を教育によって意図的に育成したい。これがトップリーダー教育をテーマとしたわれわれの想いである。

現実を直視すれば、将来の日本を牽引するトップリーダーとなり得る人材が、いま不足しているように思える。これまでの日本のトップリーダーは、生まれ持った資質、置かれた環境、個人の努力から自然発生的に生まれてきた。あたかも時代が求めたかのように、新しいリーダーが誕生することが多々あった。しかし、いまの日本では、トップを目指そうとする人間自体、減少しているように見える。これからの日本のトップリーダー、たとえば政治家・官僚・企業経営者・大学教授などは、手ずから日本の大変革を行う一方で、世界とも戦わなければならないが、このような人材を自然に輩出されるに任せていたのでは、十分な質、人数を確保することは不可能ではないかと、われわれは危惧する。

人の面からわが国の国力・プレゼンスを向上させるため、トップリーダーを意図的に育成することは喫緊の課題である。そのためにわれわれは、前章で提言したように、まず分厚い中間層を教育によって形づくり、さらに全国民の１％程度の人材を対象とした特別な教育によって、将来のトップリーダーを意図的に創る必要があると考えるに至った。

トップリーダー育成と国民の意識向上は表裏一体

優れたリーダー候補は、高い意識を持つ分厚い中間層から生み出される。また、いくらトップリーダーを育成したとしても、国民が無関心であれば変革を起こすことはできない。トップリーダーに多くの人が共感し、共に行動することで国は動き、世界において存在感を示すことができる。つまりは、第２章で述べたように、分厚い中間層を形成し、その意識向上があってはじめて、トップリーダーは機能することができるのだ。

国民一人ひとりがわが国を知り、日本人としての誇りと自信を持ち、自分の利益だけでなく国全体の利益、国の将来を自分事として考える素養を持ち合わせることが必要である。このように国民全体の意識向上があってはじめてトップリーダーを目指す者が増加し、彼らが互いに切磋琢磨することで優れたトップリーダーとなる。一方で、トップリーダーが誤った方向に国を導くような、不適切な行動を牽制するため、国民がトップリーダーに対する適切な評価や監

リーダー育成の３つの視点

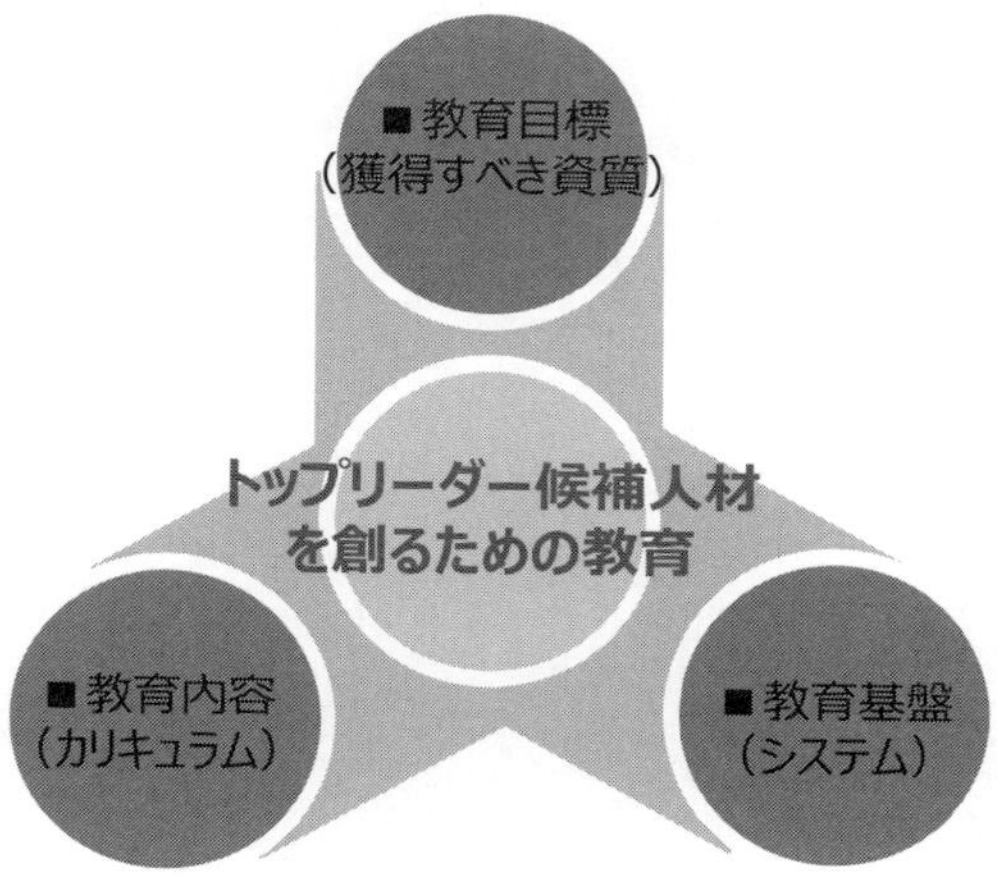

視をすることもきわめて重要である。国民にはそのための素養が求められる。

このように、「リーダーの育成」と「国民全体の意識向上」とは表裏一体のものである。

リーダー候補者を育成する３つの視点

リーダー候補人材の育成を考える上で、われわれは次の3つの視点が必要と考えた。第一には、トップリーダーに必要な資質とは何かという教育目標に関する視点である。第二に、この教育目標を達成するために必要な教育内容（カリキュラム）や教育方法に関する視点である。そして第三は、その教育内容（カリキュラム）を実現するために必要な教育環境、すなわちトップリーダーを創出するための教育基盤（システム）をどのように構築すべきか、という視点である。
平等・公平を旨とするいわゆる戦後民主主義教育は、これまで日本の基礎を形づくってきた。しかしその特徴のひとつである〝均質性〟がいま、リーダー候補人材の育成を阻害する要因になっている。ますます多様化する世界において、均質的な教育によって均質的な人材を育成するだけでは、日本を背負って立つリーダー候補人材を育成することはできない。
そこで、この３つの視点を次のように定めて徹底的に議論し、既存の枠組みに囚われることなく、ゼロベースでの創り込みを行うこととした。
教育目標：トップリーダーが獲得すべき資質
教育内容：教育目標を達成するために、全国民に必要な教育内容（カリキュラム）とトップリーダーに必要な教育内容（カリキュラム）、および競争意欲を高め、切磋琢磨するための選抜型の教育方法
教育基盤：教育内容を実現するための教育システム

2 教育目標

トップリーダーに必要な6つの資質

そもそもトップリーダーとはどんな人物だろうか？　われわれは現在および過去の日本の政治家、官僚、軍人、企業の創業者、大学教授などを例に挙げ議論を重ね、次のような人間像を得た。

トップリーダーの人間像

- 時代に即した**ビジョンを創出**し続けるために、**知識・教養を更新**し続けられる。
- あらゆる時間軸の中で国家認識に基づく国益を踏まえた**明確なビジョンを持つ**。
- その**ビジョンを伝え価値観を共有出来る者を巻き込み動かす**ことができる。
- 適切なタイミングでリスクを最適管理し、そのビジョンに対し篤い**情熱と信念**を持って決断し行動できる。
- 強い心と体を保持し、**仲間から尊敬され信用**される。

トップリーダーに求められる資質

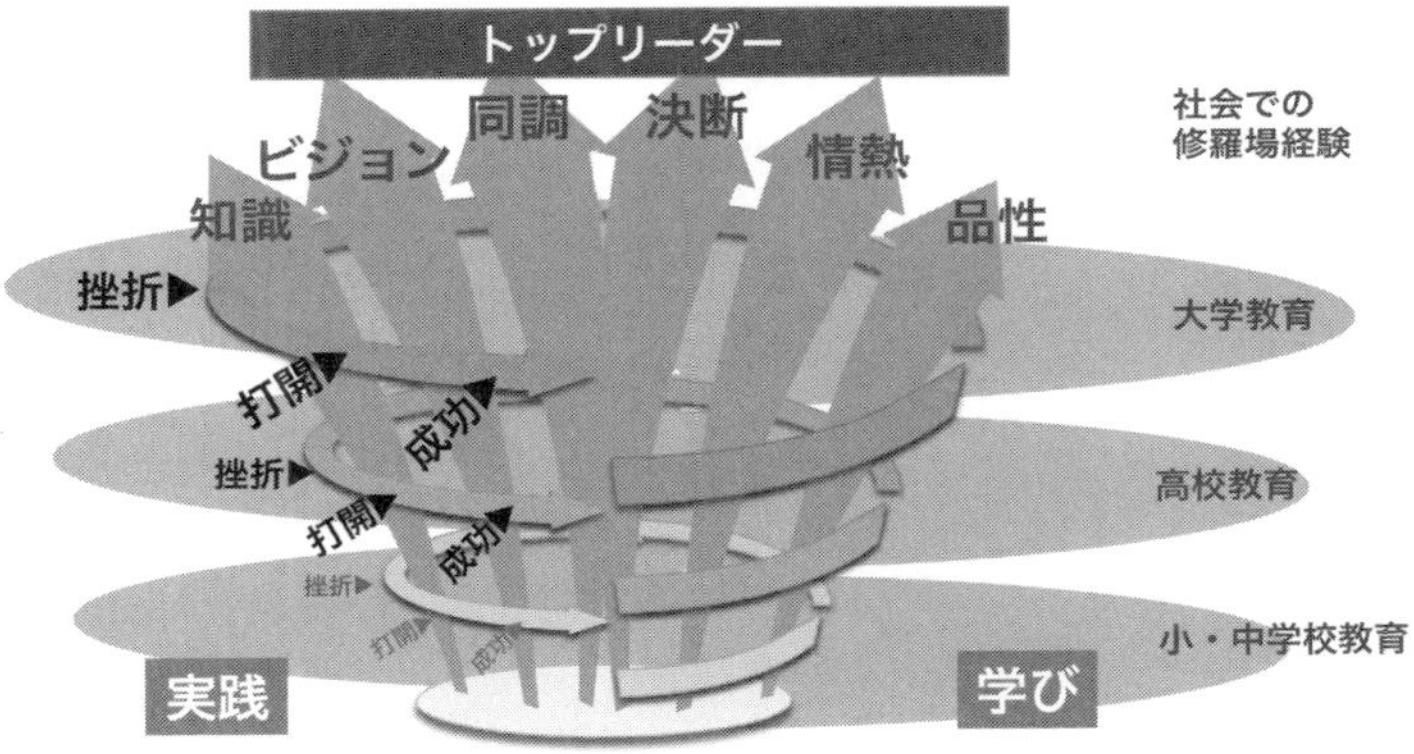

この人間像を基にさらに議論し、必要な資質を次の6つに絞った。

【知識】　時代に即したビジョンを創出し続けるため、常に知識・教養を更新していく資質

【ビジョン】　現在～未来の時間軸の中で、国益も踏まえた明確なビジョンを示す資質

【同調】　自らのビジョンを伝え、価値観を共有する者を巻き込み動かしていく資質

【決断】　想定されるリスクとの比較衡量の下、適切なタイミングで適切な意思決定を行う資質

【情熱】　ビジョンの実現に向け、誰よりも情熱を持って取り組む資質

【品性】　仲間から尊敬され、信用される存在である資質

そして、各界のトップリーダーおよびトップリーダー経験者の意見、大学トップ（理事長、学長等）、教育現場（スーパー・グローバル・ハイスクール指定校等）へのインタビュー、行政の現場での意見聴取を通じ、獲得すべき6つの資質の妥当性を確認してきた。用語や資質の数についてはさまざまな意見があったが、必要な要素はカバーしているとの一定の結論にわれわれは至った。

では、これらの資質をすべて教育で獲得できるのか。この問いに関しては、「学び（＝教育）」と「実践」を両輪に、この2つを繰り返し体験することだとわれわれは考える。リーダー候補者はいくつもの失敗を経験し、揉まれることで最終的にトップリーダーとなっていく。その過程では主体的な学び、気づきを積み上げていくことが重要である。

3 教育内容

トップリーダー育成のための「7つの教育」

リーダー育成の基盤となる資質を涵養するため、児童から学生までの期間、国民全体の意識向上を可能にすることも含めた教育をどのような内容で行っていくべきか。

われわれが出した答えは7つの教育。すなわち、「日本教育」「政治教育」「批判的思考教育」「ビジョン創造教育」「コミュニケーション教育」「リーダーシップ教育」「グローバル教育」である。これらを小学校、中学校、高校、大学と各教育段階において積み上げ、社会においてリーダーとして活躍できるための能力を意図的に開発していく。以下、各教育についてその必要性や対応の方向性について述べたい。

日本教育

日本のみならず世界各国はいま、グローバル化や多様性への対応に無関心ではいられない。

実際、日々のビジネスを行う上で他国とのかかわりは避けて通れず、あらゆる場面で異文化理解が必要になっている。異文化との交流にはまずその文化を正しく理解する必要があり、その前提としてはまず、「日本とは何か」「日本人とは何か」について理解しておくことが必要である。自国の歴史、文化、伝統、道徳観を正しく理解し、自分の言葉で語れることが前提なのだ。

しかし、自国への深い理解をもたらすこの種の教育が、日本は他国に比べて立ち遅れているように思える。日本らしさを育んできた歴史的背景の理解をも深めることで、国を思い、国を守る気持ちを育て、他国の主張に対しても冷静に対話し、判断することが可能となる。わが国のアイデンティティは、長い歴史の中で育まれてきたものであり、リーダー候補人材を意図的に育てるためにも、〝国〟のある教育、〝道〟のある教育を行う必要性がある。

この新しい教育の第一ステップは、これから心が育ち、学問的探究心が高まっていく小学生に社会・道徳を一体化した教育を施すことにある。これにより、日本〝国〟についての全国民共通の基盤的知識の修得が可能になる。さらには、中学校以降に学習する歴史や地理、政治教育等の深い学びにつなげていくことができる。国は、その責任において全国的にこれらの教育を実施しなければならない。

政治教育

いま、20代～30代の若者の投票率は低く、一方で、高齢者の参政意識は高い。国や社会の課題を自分自身の問題としてとらえ、積極的に行動するという「公共の精神」が不足していることは、かねてから危惧されており、若者に見られる社会参加に対する意識の低さが大きな問題となっている。特に社会保障制度という再分配機能において、負担者の中心である若年層と、受益者である高齢者層との間のコントラストは顕著である。この結果政治家は、既得権を失いたくない受益者であり、かつ参政意識の高い高齢者からの審判を恐れるあまり、将来のために必要な「痛みをともなう改革や政策」を実行することができない。これでは日本の国力がますます低下してしまうおそれがある。

こうした問題を国民自身が考え、自分たちの社会的な参加へと結びつけていくために、「政治教育」を新設したい。

まず国や政治に無関心であることが、将来の自分や子どもたちの不利益になること、すなわち、問題を先送りすることによって起きる「後世代負担の実態と現状」を中学生および高校生に十分に理解させたい。身近な制度や仕組みが、政治によって決まっている事実を知り、自分を取り巻く環境は、自らが積極的に参加することでしか変えられないことを知らしめる。そして、「投票する権利を行使すること」が日本国民の義務であるとともに、きわめて崇高な権利であることも十分認識することで、投票の意義を伝える。

言ってみれば当たり前のことだが、これを実直かつ地道に教え続けていくことが重要である。日本では政治教育というと及び腰になりがちだが、選挙権が18歳に引き下げられたいまこそ、欧米諸国並みの政治教育を行うべきである。

批判的思考教育

新聞、テレビ、インターネット等で流布している情報は多岐にわたり、これを吟味し、正しく理解することが困難な環境となっている。「フェイクニュース」が溢れ、情報過多の環境にもかかわらず、日本は十年一日のごとく、教科書に書いてあることは正しい、問題には必ず正解がある、という「覚える教育」が主流であり、「自ら道筋を考え、解決するための教育」が少ない。これでは、自らの状況を俯瞰的に把握し、それを変革しようとするマインドが育たない。結果、社会的なイノベーションを創出する力も弱くなってしまうことにつながる。

特にわれわれは以下の3点を危惧している。

ポピュリズムの増長：時流に流され、何ら疑問を持たずに一部の情報を信じることで、投票者受けを狙っているが政策実現可能性の低い、いわゆるポピュリズムが増長される

メディアテロに対する脆弱性：意図的に世論を攪乱する脅威がある中で、賢く真実と虚実を見分ける能力を持つ国民が減少する

経済成長、社会変革の停滞：正しい現状認識と、課題を論理的に見出す力の不在によるイノベーションの不全

そこでわれわれは、「批判的思考教育」の制度化が必要と考える。批判的思考といっても、何でもかんでも批判し、反対する行動を意図しているわけではない。与えられた状況や情報を論理的・合理的に判断し、他者の意見や論説に安易に流されずに、主体的な思考を身につけさせる教育である。

これは、一定水準以上の学問的知識や考える力が備わる時期、つまり高校からスタートしたい。まず、さまざまな情報の真偽を判断する能力を身につけるため、文章の論理性をしっかり見極める力を養う。また、一方的な統計の見せ方にだまされず、正しく読み取る力も必要である。その上で、人間の行動は論理だけではなく、独特のくせも情緒的な部分もあることを学ぶ。このような教育を高校で行い、大学の教養課程においては、さらに高度な内容を繰り返し学ん

でいく。

こうして、健全な批判的思考力や主体的思考能力を兼ね備えた責任ある社会人、俯瞰的な視点を持って社会をリードする人材が育つ。

コミュニケーション教育

２０１３年に内閣府により実施された「我が国と諸外国の若者の意識に関する調査」では、日本の10～20代の男女で「自分の考えをはっきり相手に伝えることができる」との回答は10％に満たなかった。アメリカや韓国などと大きな開きがあり、最も低いスウェーデンと比較しても20ポイント近い差がある。どうも日本の若者は、自分の考えをきちんと相手に伝える自信がないようだ。学校教育においては一昔前に比べて、対人コミュニケーション能力に関する教育は確かに行われるようになっている。しかし、日本の企業などでそうした取り組みは不足しており、結果として、国際的に発言力の弱い日本というイメージを拭い去ることができないままになっている。

コミュニケーション能力の不足はさまざまな弊害をもたらす。関係者の共感を得られず、自身のビジョンを実現できない。相手国や相手企業を理解できず、良好な信頼関係を築けない。

政治、経済、外交等で世界的に影響力を及ぼせないなど、マイナスの影響は多い。

そこで学校教育において、以下のようなステップでコミュニケーション能力を開発したらどうだろうか。

①コミュニケーションの道具である言語を自由に使いこなせるようにする。

②状況に応じて意見を効果的に伝えるために、相手に与える印象を配慮した伝達・発信力を身につけさせる。

③相手の意見を傾聴し気持ちを理解する力を養い、実際の討議で相手を理解する力を習得させる。

④自らの意見を述べて、相手の共感を得たり、相手と自分の双方が納得できる結論を導き出せるようにする。

このような教育を施すに当たっては、実社会で経験する状況に近い状態を仮想的につくり習得させるのが効果的だと考えている。

ビジョン創造教育

現在の日本では、残念ながら将来の夢や目標を持てずにいる子どもが少なくない。自分の将来について明るい希望を持っている若者の割合が12％あまりと、50％を超えるスウェーデンやアメリカをはじめとする7カ国中で最も低いという調査結果がある（前出・2013年内閣府調査）。また、トップリーダーと目される人であっても、明快なビジョンを示せるリーダーはそう多くはない。それはなぜか？

それは日本の教育が、ビジョンを持ち、示し、絶対に成し遂げることの重要性をきちんと教えてこなかったからではないか。日本の教育はリーダーを育てるよりは、指示され、うまく使われる人を育成する教育になっているように思える。ビジョンを提示できない日本では、分断する世界をつなぎとめることも、世界に存在感を示すこともできない。

正しく共感を呼ぶビジョンは、十分な知識と正しい倫理観の上に創造されるはずだ。このため、「日本教育」「政治教育」「批判的思考教育」がしっかりとなされた上で、「ビジョン創造教育」が実施されるべきである。ビジョンをどうつくり、どう実現するか、空論に終わらぬようそのつくり方と実践を組み合わせて学ぶことが重要である。実践段階では、自らのビジョンに賛同を集めることや、実現に向けてフォロワーの協力を得ることも重要となる。コミュニケーション教育やリーダーシップ教育との連携がカギとなる。

リーダーシップ教育

ある民間の調査によると、他国との比較において、日本の企業は自社のリーダー人材が不足していると感じており、また、そうした人材が将来的に供給できるかという点についても悲観的な見方をしている（ＤＤＩ「グローバル・リーダーシップ・フォーキャスト」）。日本人の中でも特に「尖った」人材を多く雇用していると思われる外資系企業でさえ、日本人管理職に対するリーダーシップ能力への評価が低いという実態もある。また、若年層の意識を見ても、若手社員の野心が著しく低下しているし（２０１５年産業能率大学「新入社員の会社生活調査」）、高校でも自分に自信が持てない生徒が増加している（２０１５年国立青少年教育振興機構「高校生の生活と意識に関する調査」）。

自信がない者にリーダーシップは取れない。しかしながら、学力の高さが自信に結びついていないという最大の問題がある。したがって、リーダーシップ教育ではビジョン創造教育と同様、学校教育段階から「学び」と、そこから得た知識を活用する「実践」を組み合わせた教育を行う。実践のプロセスで「失敗」と「成功」を繰り返すなかで、自ら深く学び続けることの重要性を把握し、成功体験によって自信を獲得させる。

リーダーシップの体得を、従来のように部活や学級運営などの偶然性の高い経験のみに頼るのではなく、高校・大学教育において体系的に学び、実践することを通じて、リーダーの基礎となる能力を獲得させたい。

グローバル教育

いま日本の製造業に限れば、海外従業員比率は3割に達する。日本企業の海外進出も長期的なスパンで進展を続けており、訪日外国人数は2016年には2400万人に達し、2017年もそれを更新する見通しであるなど、あらゆる業種でグローバル対応が必要不可欠となっている。

その一方で企業においては、依然として「外国語が話せれば即グローバル人材」と考える甘い認識が一般的だ。グローバルな環境下で成果を上げる真の意味でのグローバル人材は不足しているように思われる。

しかも事態はさらに深刻で、産業能率大学の2015年の調査では、若手社員の外国語の習得意欲が下がる一方で、外国人上司と協働することに抵抗感をもつ者が半数以上、海外勤務を希望しない若手社員が6割を超えるなど、内向き志向に歯止めがまったくかからない。

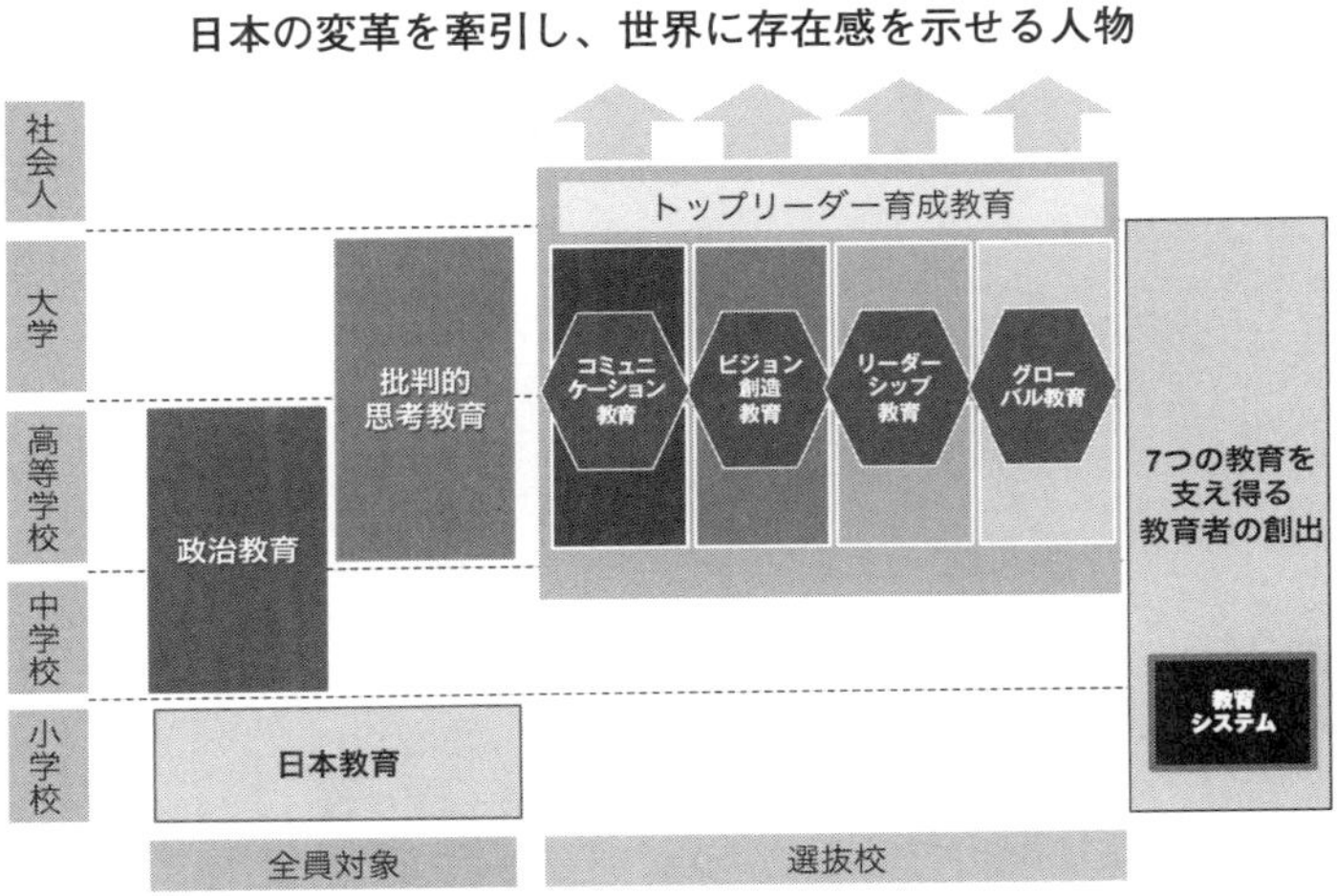

外国語が話せたとしても、語るべき思想やビジョンを持たないリーダーでは、世界に対し影響力を持ちえないのは明らかである。海外の会議であるいは社交の場で、わが国のトップリーダーたちが自らの存在感をきちんと示せているのかといえば、もちろん、その多くは日々切磋琢磨し、日本のために研鑽を積んでいるであろう。

しかし彼らに続く者、若いリーダー候補者をグローバルな環境で成果が出せるよう鍛え上げ、多様な環境に慣れ親しみながら、語学力に加え、課題解決力を身につけられるように育成していかなければ、いずれ日本は立ち行かなくなる。彼らには「自己の理解」「自国の理解」「それらを伝える意識とスキル」を確実に身につけさせなければならない。体験的な学習も必須である。多様性を受容する力を高めるため、多種多様な人々と協働する機会を意図的につくり出さねばならない。

彼らに対して、グローバル化への対応が彼ら自身にとっても日本国にとっても、最重要テーマであるというメッセージを積極的に発信することがポイントになってくる。

以上、7つの教育について述べてきた。これらを学校教育における各段階で体系的に実施することで、社会に出てリーダーとして活躍できる能力を開発していく。これを具体的に展開するための新しい教育体系を次節で提言したい。

4 リーダーシップの礎を築くための教育

まず、全国民を対象とした教育を新設し、リーダーを輩出できる基礎となる環境を醸成したい。

提言①「日本教育」科目の新設

「日本教育」では、歴史教育、道徳教育および伝統・文化教育を総合的に教育する。各時代において日本とかかわりをもった他国の影響や役割、その意義についても考えさせ、人格形成の核とする。その教育目標は、①日本「国」の体系的な理解、②グローバル的視点の涵養、③コミュニケーション能力の向上である。

現在の社会科科目では、小学校５年に「国の産業」、６年に「日本の歴史・伝統」を履修することになっている。われわれが重視したい歴史については、小学校６年生の１年間のみしかなく、十分ではない。

これを補うために、地政学的な観点から日本を知るために、小学校５年時に１年間「日本の地理」を、小学校６年に同じく１年間、地域の特性と国際社会の一員であるという観点から産業を学ぶ「日本の産業」を履修したい。「日本教育」は、これらと並行し、５〜６年の２年間をかけて行う。日本の地理的特性を理解、その特性を踏まえて日本の産業について考え、併せて２年間の時間を費やし、歴史・文化・道徳を総合一体化した教育を実施するのである。これにより〝日本の国〟を体系的に理解するための教育の流れができる。

歴史は、伝統・文化や道徳観、産業の発展など、さまざまな要素により形成される。その歴

新しい社会科科目を提案する

【現行の社会科科目】

学年	3・4年生	5年生	6年生
内容	地域の産業・生活	国の産業	日本の歴史・伝統 日本の政治

【新しい社会科科目】

<table>
<tr><th>学年</th><th>3・4年生</th><th>5年生</th><th>6年生</th></tr>
<tr><td rowspan="2">内容</td><td rowspan="2">地域の産業・生活</td><td>日本の地理</td><td>日本の産業</td></tr>
<tr><td colspan="2">日本教育（新設）</td></tr>
</table>

史を正しく教育するためには、これらの要素を体系的に教育する必要があろう。われわれは特に、時代に応じて日本に影響を及ぼした他国の状況についての視点が必要だと考えた。日本がいまに至るまでには、他国の関与が大きな役割を果たしてきた。今後、グローバルな視点を持った人材を輩出するためにも日本の文化、経済に影響を及ぼした他国の状況について正しく理解することは第一歩となるであろう。その国の立場に立って日本を考える経験が、他国の考え方の理解につながると考えるからである。

この日本教育は単に知識習得型の教育とはせず、他国の立場に立って議論できる能力を身につけさせたい。各国の立場

それぞれの時代に関係のあった国とのかかわりを理解

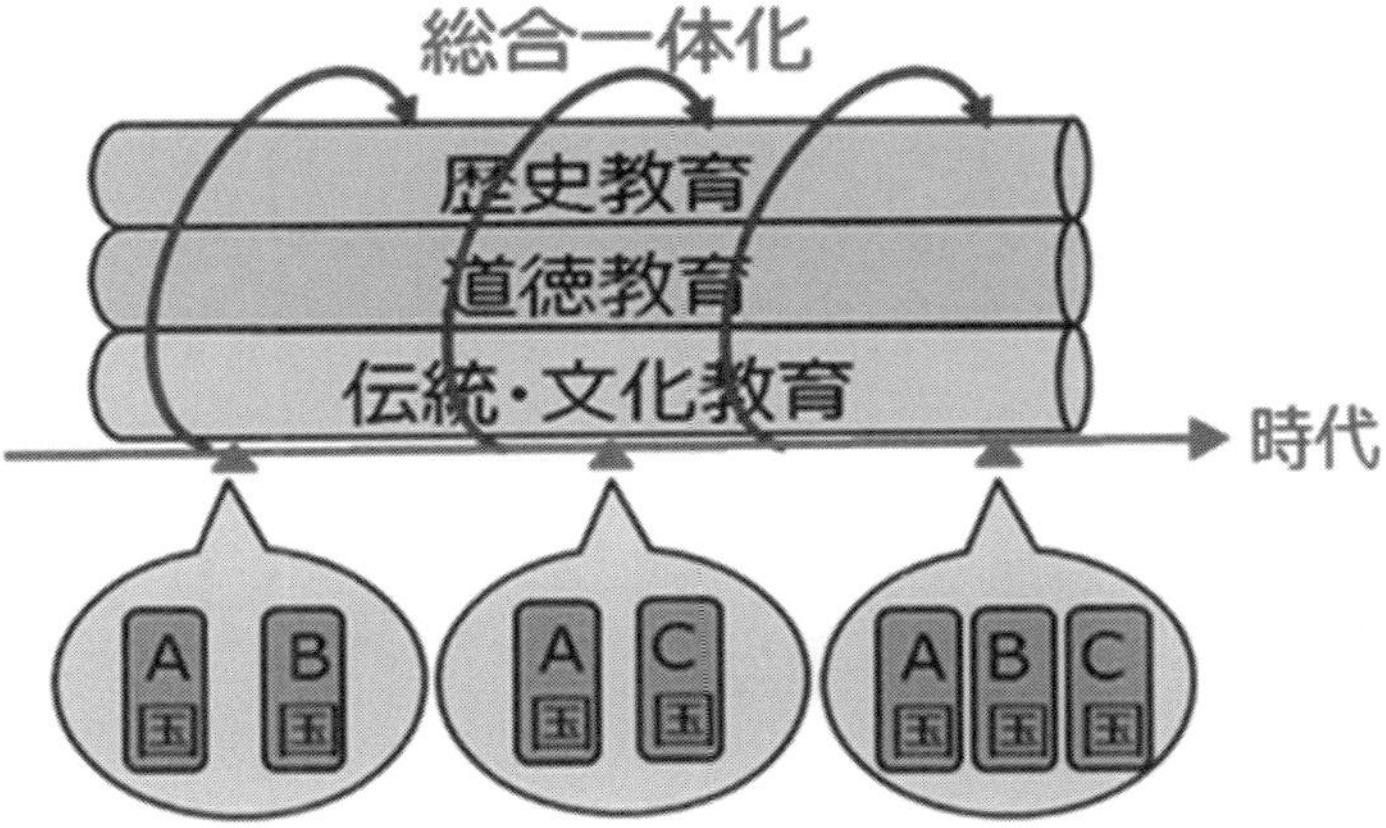

で論理を展開することにより、より深く日本を知ることができ、結果としてコミュニケーション能力も涵養される。

この際、教員は、議論が不活発にならないよう努めたい。意見が拡散した場合には意見を集約するように努め、一方の意見へ肩入れをしないよう注意したい。教員には生徒の議論を正しく把握するための深い知見が求められる。

３つの障壁を乗り越える

日本教育の導入には、大きく３つの障壁がある。教育時間、教科書等の作成、そして教育者である。

まず、教育時間。日本教育の実施のためには、従来の「社会」とは別の枠組みで新設するため時間の捻出が必要である。これは小学校５、６年生の「総合的な学習の時間の授業時数」、「道徳の授業時数」を活用することで210時間の授業時間が確保できる。「総合的な学習の時間」は、自然体験やボランティア活動、社会科施設見学や問題の解決や探究活動に取り組む時間として設定されており、われわれが目指す日本教育とその目的は一致する。また元来別の時間として設定されていた「道徳の授業」についても一体化履修を行うことで、教育時間の障壁は乗り越え得ると考えられる。

次に、教科書等の作成について。先に述べたように、日本教育では各種要素をスパイラルに組み合わせて教育する必要があるため、それぞれの見地に長けた者がこれを行うことが重要である。このため、文部科学省を中心として各省庁および各省庁の研究機関が、横断的にこれを作成したい。

国が歴史に係る教育内容を作成することに否定的な意見が出るかもしれないが、時代の背景等を複合的に組み合わせることで偏った内容になることを避けられる。また、教科書に記載されている内容を踏まえながらも、教育を受けるものが議論（ディベート）を通じて個人の意見を持つことを教育の主軸としているため、ひとつの正解があるわけではなく、国がある特定の思想に誘導することはない。ここでいう教科書等とは、あくまで教育資料としての教科書である。

なお、教育者の問題については、提言⑥「優秀な教員を創出する」で述べる。

提言②「政治教育」を学び「公共の精神」を涵養する

いまの日本の政治が若者たちの関心事に対して、しっかりとした説明責任を果たしているのかについて疑問が残る。教育を含めた、社会全体の仕組みがどこかたわんでおり、政治そのものに対する「期待感のなさ」が彼らの無関心を生んでいる。

自らの声がどれだけ政治に反映されるかを感じられるようになれば、期待感は生まれるだろう。そのために「政治教育」を通じて、社会全体の利益のために行動する若者たちを育てなければならない。彼らこそが、トップリーダーの資質を備えた人材の礎となるのだ。

政治教育は約70年前の法律ですでに規定されていた

１９４７年制定の教育基本法第８条では、政治教育について「良識ある公民たるに必要な政治的教養は、教育上これを尊重しなければならない。法律に定める学校は、特定の政党を支持し、又はこれに反対するための政治教育その他政治的活動をしてはならない」としている。教員は、中立な立場においてのみ政治教育を行うこととなる。しかし、教室という密室空間の中で行われる授業の透明性を担保し続ける難しさもあり、教育現場で政治教育は長い間にわたって扱いにくく、できれば深くかかわりたくない科目として扱われてきた。

それでも、若者の政治参画に対する社会の仕組みや環境は、少しずつ変化している。世界の約9割の国の選挙権年齢は18歳以上であり（国立国会図書館調査、2015年12月）、遅ればせながら、わが国も2016年の参議院選より選挙権年齢が18歳に引き下げられた。しかし、欧米の主要国が選挙権年齢を18歳に引き下げたのは1970年代のこと。わが国の出遅れ感は否めない。

政治教育で学ぶ「1票の重みとその普遍的価値」

政治教育により、自分の意思で政治に参画することが、社会を変革する唯一無二の手段であることを、中学生・高校生にきちんと教えたい。買わなければ絶対に当たらない宝くじと同様に、自らの1票を投じなければ何も変化しない。中学・高校で政治教育を必修化することで、政治への意識の涵養とともに、具体的な行動を促したい。

そのためにはまず、教育の現場から遠ざけられてきた政治教育の再定義を行いたい。政治は本来、将来のために痛みがともなったとしても必要な改革や政策を、主権者に十分説明する責務を担う。その上で、主権者は政策を実行させるために1票を投じる。このサイクルが円滑に行われるためには、政策内容を十分に理解する能力が不可欠であり、いずれ主権者となる生徒・学生にとって、政治教育が必要となる根拠だ。

この政治教育は、中学校・高校の両方で行い、それぞれ必修科目とする。中学校では、従来どおりの知識習得のための授業の中で、選挙制度や三権分立、二院制などといった知識を教える。一方で、自らが政治に参加する権利たる参政権を、日本はどのように手に入れてきたのかを手はじめに、投票の重要性を理解した上で、自分が住む地域の課題を調べ、その原因と解決方法を見いだす。アクティブラーニング（教員による一方向的な講義形式の教育とは異なり、生徒の能動的な参加を取り入れた教授・学習法の総称）を実施し、具体的な解決策を探ることで「自らが活動し行動すること」の重要性を理解させる。

「当事者」として自分の身の回りで起きているさまざまな問題を受け止め、社会参画意識を醸成し、公共の精神を向上させる。具体的なカリキュラムは、現在の公民と総合的学習の時間の中から、政治教育のコマを割り当てることにより、学習指導要領にすでに定められた中学校における社会科と総合的学習の科目総数である５４０時間は変更しない。新たな科目新設による、生徒の過度な負担増は避ける。

高校生にこそ社会システムを教えるべき

高校ではより高度化した政治教育を行う。政治の成果でもある「社会システム」をより具体的に理解するため、政治をたとえば、「お金の流れ」という切り口で学ぶ。すると、受益者と負担者との間にある肥大したねじれという日本の重要な問題が浮かび上がる。これを正確に把握することで、政治への興味と高い参政意識を醸成する。

具体的には、たとえば、現在約110兆円という巨額な社会補償給付費がどのように再配分されているのか、そのシステムを徹底して学ぶ。この社会補償給付費は70％近くが、高齢者世代の医療・福祉・年金に充てられている。一方で、少子化対策や教育を受ける権利、子育て支援やその他重要な制度改革などへの配分が不足しているという、社会制度のひずみと世の中の実態を学ぶ。

この社会システムの「偏った再配分」の背後には、高い投票率を誇る高齢者と若年層の投票率が低いレベルにあるという現実が横たわっていることを理解した上で、投票行動こそが、社会システム改革のための基礎であることを学ぶ。せっかく与えられた「権利の放棄」は、同時に日本人としての「義務の不履行」であることもしっかりと学ばせる。

入学試験に模擬試験があるように、選挙にも模擬選挙を

政治教育の総仕上げは「全国一斉アクティビティ」である。

実際の選挙とまったく同様の、徹底した「政党間模擬選挙」を行う。すべての政党は、政治教育のカリキュラムにあるこの模擬選挙にあたって、時勢に則した政党方針を定めたマニフェストを文部科学省に提出する。

文部科学省は各高校に、これら政党方針等の資料と投票用紙、また投票箱といった実際の選挙に用いるものを貸与する。各学校は選挙の公示に合わせ、実際の選挙期間と同一期間、授業のなかでアクティブラーニングとしてディベート教育や政策分析を行わせる。結果、自らが投票する政党を選択させる。

最終的には、全国の高校における投票内容が集計され、その結果は広く公表される。日本の高校生が審判した結果は、そのまま国政を変えることにはならないが、大きな声として政府に届けられ、以降の政策展開に無視できない拘束条件となる。

一方で学生は、バーチャルながらもリアリティの高い模擬選挙を通じて、他者の意見や考え方を修得するほか、自らの見解をしっかり相手に説明し納得してもらう力も養成できる。また、自ら投票した選挙の結果責任も、現実に近い疑似体験を通じて負うことにより、「選挙には常に参加し投票をする」意味と意義を知ることになるのである。

提言③「批判的思考教育」を高校で必修化、大学でも推奨

ポピュリズムが世界的に台頭し、メディアに情報が氾濫する時代。多種多様な情報の真偽を

見極め、他者の論説を正しく吟味・解釈し、時流に流されずに主体的に思考する力を身につけさせる「批判的思考教育」を高等学校で必須化し、大学の教養課程での履修を推奨したい。

正しく情報を理解し主体的に考える人材を創る

批判的思考教育とは、与えられた状況や情報を論理的・合理的に判断できるよう主体的な思考を身につけさせる教育である。そのエッセンスは3つある。1つ目は、文章の論理性をしっかり見極める力。他者の論説や主張を読み聞きしたときに、結論に至る道筋が論理的かどうか判断する力を身につけさせる。2つ目は、統計を正しく読み取る力。人間は具体的な数字を示されると説得力を感じる。統計を正しく理解しないと、本来データが示しているものとは違う方向に誘導されるリスクもある。そこで、統計にだまされない力を身につけさせる。3つ目は、人間が持つ独特のくせを学ぶこと。人間が物事を認識したり行動したりする際、いろいろなくせや偏り（これを「バイアス特性」と呼ぶ）が生まれる。たとえば、人間は常識や信念がいったん身につくと、それを相対的にとらえることが難しくなる。するとその人は、自分の常識や信念を裏づける証拠に飛びつきやすく、合理的な判断ができないというリスクを抱える。このような人間が陥りやすい間違いや誤解、すなわち個人的な偏りを知ることで、人間への理解と合理的な判断ができる力を身につけさせる。

批判的思考教育は、リーダー候補者に必須の教育である。また、リーダーを支える人間にとっても、リーダーの論説やビジョンを正しく理解し、必要に応じてリーダーをサポートしたり、建設的に反論するための教育でもある。

高校で「批判的思考教育」を必修化し、責任ある社会人を創る

批判的思考教育は、高校以上の教育で実施したい。理系・文系を問わず、すべての高校生を教育対象とする。時流に流されない自我と健全な批判的精神を醸成し、責任ある社会人となることを目標にする。

具体的には、「スキルとしての考える力」と、「実践としての考える力」を身につけさせたい。「スキルとしての考える力」は、科目横断でその基礎を身につけさせる。高校1年では、「国語総合」で、論理的な文章を正しく読み解く方法と、自分の主張を論理的に表現する方法を学ぶ。因果関係を見出し、結論の合理性を正しく判断する力を身につける。また、「数学Ⅰ」では図表や統計を正しく解釈するスキルを学ぶ。単に統計計算の方法を学ぶのではなく、統計結果を正しく解釈する方法を学ぶ。平均値などの代表値だけでなく、サンプル数は十分大きいのか、統計結果の信頼区間はどのくらいなのかなども吟味する必要があることを学ぶ。そのため、統計の信頼性を定量的に表すための検定の概念も学ぶのがよいだろう。また、平均、分散、統計分布、確率の考え方も、統計で騙されないためには必須である。いずれも既存の科目である「国語総合」、「数学Ⅰ」に履修内容を追加することで、対応可能である。

高校2年では、総合的な学習の時間を週1コマ利用して、統計・図表・論説がセットになった文章を提示し、正しく解釈させる授業を行う。また、論理的に破たんしているセットも用意し、おかしな点を指摘、修正させることで、情報に騙されない批判的思考力を醸成させる。さらには、人が持つバイアス特性を学ぶことで、情報を正しく理解し、伝えるために必要なことを習得する。

高校3年では、総合的な学習の時間を週1コマ利用して、実践学習を行う。高校2年生までに学んだスキルを活用し、身近なテーマでディベートを行い、他者の意見の論理的解釈と論理的な自己主張を行えるようにする。その過程では論理性だけでなく、人が持つバイアス特性を加味した正しい情報の解釈や主張の手法も磨かれる。

高等学校での3年間の批判的思考教育では、ただ学ぶだけでなくテスト評価も行う。高校1〜2年でのスキル学習については、定期試験で習熟度をテストする。また、高校3年での実践学習については、ディベートの内容ではなく、論理的解釈力、統計解釈力、論理的主張力を多段階評価する。ディベートで相手を論破することが目的ではなく、その過程での思考力が重要なのである。評価は単に教員に任せるだけではなく、生徒同士でも評価させることで、他者の論理性や批判的思考力を客観的に吟味する力を身につけさせる。他者の意見を自身にフィードバックすることで、効果的に批判的思考力を増強させることができる。

さらに高校３年生に批判的思考に関する全国共通テストを実施し、大学進学時の指標としても活用する。海外ではオーストラリアのＧＳＡ（Graduate Skills Assessment）や米国カリフォルニア州のＣＣＴＳＴ（California Critical Thinking Skills Test）など、批判的思考に関するテストが多数開発されている。主として大学生以上を対象にしているが、同様のテストを日本の高校生向けに開発することで、客観的に批判的思考力を測ることができるだろう。また、このテストを高大接続に活用することができれば、批判的思考を学ぶ強いモチベーションになるだろう。

大学で「批判的思考教育」を推奨し、社会をリードする人材を創る

次は、大学での批判的思考教育についてである。大学では教養課程で対象は文系・理系、専門を問わず、広く一般的に実施する。批判的思考教育は、リーダー候補者の一般教養であり、また専門課程で学ぶための知的基礎体力でもある。

具体的には、大学1年生の教養過程科目の1つとして批判的思考コースを用意する。高校時代に学んだ批判的思考のスキル教育を高度化し、論理学の基礎を学んで論理的解釈や論理的表現を体系的に学ぶ。同時に、人間が持つさまざまなバイアスに関わる部分を心理学から体系的に学ぶ。また、実践教育として、ディベートや模擬国連、模擬国会などを行い、提示された題材について自力で正確な情報を収集・統合し、正しく解釈し、自己の意見を形成する。そしてそれを正しく伝える力を身につけさせる。

高校と同様に、テスト等の評価も行う。習熟度を通常のテストで評価するとともに、ディベートなどの実践教育については、教員や学生同士での360度評価を行い、学びの効果を最大化する。また、大学在学期間中に、批判的思考に関する全国共通テストを受けることができるようにする。テストの内容構築については、前述のオーストラリアのGSAや米国のCCTSTが参考になる。この共通テストは、就職活動のときに企業が参照することで、学生の質を客観的に把握することも可能になる。また、就職で重視されるテストとなれば、批判的思考を学ぶ強いモチベーションにもつながると考える。

5　リーダー候補育成のための教育

全国民を対象に「日本教育」「政治教育」「批判的思考教育」を行った上で、リーダーを輩出しようとする選抜校に対して、リーダー候補育成のための教育を施したい。そこでは、「コミュニケーション教育」「ビジョン創造教育」「リーダーシップ教育」「グローバル教育」が中心に行われる。その内容は前述したとおりである。

提言④　高校における「学び」と「実践」によるリーダー候補の育成

高校でリーダー候補を育成する教育を行う理由は２つある。１つめは、人間は14歳頃から自我が確立すると言われており、自分に関わることを真剣に考えられるようになるからであり、高校時代は、リーダー候補を本格的に育成しはじめる場としてふさわしい。われわれが訪問した渋谷教育学園渋谷中学高等学校校長の田村哲夫氏も、高校時代にこそ「自調自考」（自らの手で調べ、自らの頭で考えるということ。同校の理念となっている）が大切であることを強調されていた。２つめに、高校が、学年で数百人といった大きな数の生徒が集まり、共通の目的に向かって進む場だからである。大学にもゼミナールや研究室などの共通の目標に向かう集団はあるが、高校の学年やクラスという単位に比べると、規模は小さい。大規模な集団こそ、初期の段階ではリーダー候補育成の場にふさわしいと考えられる。

選抜校「スーパー・リーダーシップ・ハイスクール」の設置

われわれが提言する「スーパー・リーダーシップ・ハイスクール（以下、SLH）」は、グローバル化が加速する社会の課題解決に深い関心をもち、幅広い知識を習得することを目指して、コミュニケーション能力、ビジョン創造力、リーダーシップ、グローバル的なものの見方を総合的に涵養していく学校組織である。SLHは、現行の「スーパー・グローバル・ハイスクール」（2014年度開始。文部科学省が国際的に活躍できる「グローバルリーダー」の育成を重点的に図る高等学校を指定する制度）を発展的に解消し、恒久的制度のもとに設立する。東京などの都市部だけではなく全国に設置、各都道府県に1～2校程度を選抜する。

SLHは各高校からの設置申請を受け、国が審査して指定される。人材の育成では継続性が重要であることから、国が恒久的制度のもとに設置することが特に重要である。また、指定されたSLHでは、一部のクラスだけではなく全校生徒をSLHカリキュラムにより教育する。後述する提言⑤とも連動し、大学への優先入学の機会も与える。

スーパー・リーダーシップ・ハイスクールでの教育内容

ＳＬＨでは、座学とアクティブラーニングを並行して進める。コミュニケーション教育、ビジョン創造教育、リーダーシップ教育、グローバル教育を一つのカリキュラムとして、３年間かけて学ぶ。

まず、「リーダーシップ理論」の授業では、体験的で感覚的な曖昧さを有するリーダーシップというものを座学で論理的・体系的に理解させる。これにより身につけるべき6つの資質（122ページ参照）を明確にする。また、「リーダーシップ実学」の授業では、過去・現在のリーダーについて文献や講義による授業に加え、実在のリーダーから直接話を聞き、実社会でリーダーシップがどのように発揮され、成果を上げているかを理解させる。知識を定着させるだけでなくそれを活用することにも主眼を置き、アクティブラーニングによる授業を行う。失敗、挫折、打開、成功をらせん状に経験させることにより、生徒に自信を持たせ、リーダーの自覚を持たせる。

また、アクティブラーニングには、科目横断、知識横断的な学びも盛り込む。たとえば身の回りの社会事例や地域のテーマ、産業界の事例から史実の事例、国際的・国家的政策課題などまで、高校生のレベルに応じて次第に難易度の高いテーマへと移行する。事実から出発し課題

SLH（スーパー・リーダーシップ・ハイスクール）の設置

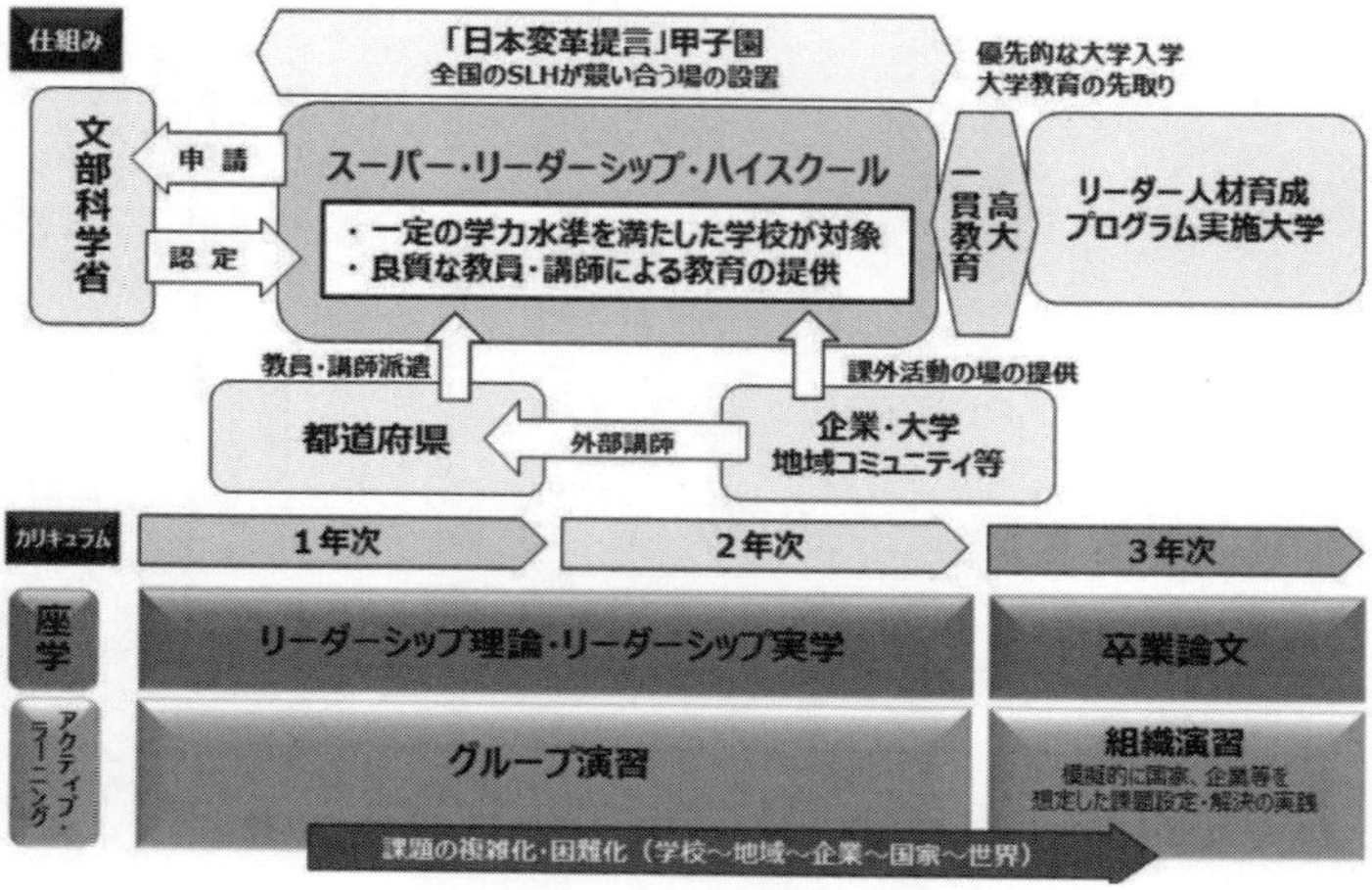

を抽出、これに対する解決策を案出する。案出した解決策に対し、異なる立場にある者の同意を得る。ディベート、ディスカッション、提案発信、実践実現などでアクティブ化する。ロールプレイの実施に当たっては、リーダーとフォロワーの立場を相互に体感できるようにする。

これらの教育は総合学習、学校設定科目および休暇期間を利用し実施する。

グループ演習では、あえてリーダーを決めず演習の中でそれぞれのメンバーが自らの役割を見出し、グループとして解決策を導き出す「権限のないリーダーシップでのグループ演習」も行う。権限が与えられていない環境でリーダーシップをいかに発揮するかを学ぶのである。そして、高校3年では、高校での学びの集大成として論文を作成させる。自らが課題を見つけ、これに対する解決策を考え、その実現に向けたロードマップを描く。その際、自らの特性を踏まえたリーダーとしての行動方針等を合わせて盛り込むのである。

「日本変革提言甲子園」の実施

全国のＳＬＨの生徒が成果を競い合う場として、また、ＳＬＨに限らず推薦を得た全国の高校生が参加できる場として、毎年夏期休暇の期間に２週間、東京で「日本変革提言甲子園」を実施する。参加する生徒には、事前に選ばれた日本の課題を提示する。参加者全員が主体となって自由に解決策を探索させ、実効性のある施策を提案させる。官庁、企業、大学からのメンターも選出し、必要に応じて助言をもらいながら進める。

完成をした案については提案したチームが内閣総理大臣に提言をし、議論できる場を用意する。本大会で提言された施策は、関係官庁で引き取り、施策実施のプロセスを生徒に見えるようにし、適宜、生徒たちの意見をくみ上げる。さらに優秀な生徒に対して大学関係者がドラフト会議を行い、大学への入学資格を与える。

日本の課題を解決するためのプロセスを体感していくことで、生徒たちがリーダーの役割を理解し、リーダーシップを発揮することの面白さを体感できる。ここに参加をした生徒だけではなく、全国の高校生にも日本の課題を強く意識させることにも役立つ。

提言⑤　民間の力をリーダー候補育成に活用する

提言④で述べた高校におけるリーダー教育と接続する、大学でのリーダー教育の仕組みづくりについて考えたい。

「リーダー人材育成プログラム」の設置

大学教育でリーダーシップを涵養するため、7つの教育（125ページ参照）を実践的な議論・活動を通じて学ぶ「リーダー人材育成プログラム」（LDP：Leadership Development Program）を、選抜された全国の大学に設置したい。これにより現在各大学で実施されているリーダー人材育成の取り組みを進化させ、継続的にリーダー人材候補者層を充実させることを最大の目的とする。

LDPは、7つの教育を学ぶための全学部・全学年共通の授業科目群を大学毎に、もしくは複数大学の連携のもとで開設する。その授業内容には基本的な考え方を学ぶための座学も含まれるが、大半が実践的な学びを重視したグループでの学習となる。ただし、経営学部など特定の学部に開設されたリーダー教育の授業科目はLDPの対象としない。これはその結果、多様な背景を持つ受講生（大学生のみならず社会人が加わってもよい）が集まる場を意図的につくり出し、そこで議論し切磋琢磨しあうことが、７つの教育に関わる能力を開発するうえでより高い教育効果が望めると考えるからである。そうした多様性を意図的につくり出すという観点から、複数大学の連携による授業科目群の開設や、海外大学との相互の単位認定といった活動も積極的に行われるべきである。

多様性の幅が学習効果を生み出す

ＬＤＰのカリキュラムは、座学による知識およびスキルの習得と、グループ単位でのアクティブラーニングを中心とした実践的な学習の２本立てにより構成される。２単位（半期）ないし４単位（通期）の授業科目で、４〜６名程度の多様性のあるメンバーからなるグループで構成する。多様性を担保するため、学年による受講制限は設けられず、学部生、大学院生、留学生、社会人などの聴講生、可能であれば高校生や専門学校生にも門戸を広げる。むしろ、性別、学年・年齢、出身国・都道府県、専攻などの要素で意図的に分散させる方がよい。

ただし、先着順や単純抽選ではなく、必ず選抜によって授業科目への登録が行われる。選考基準は、知識レベル（専門分野の多様性、成績、語学力、社会における経験など）、取り組み意欲、受講後の計画など総合的なものとなる。多様性を持たせようとすれば、学習能力や得意分野の違いは大きくなっていくが、受講への高い意欲だけは選抜のための必須条件として一定

大学におけるリーダーシップ教育

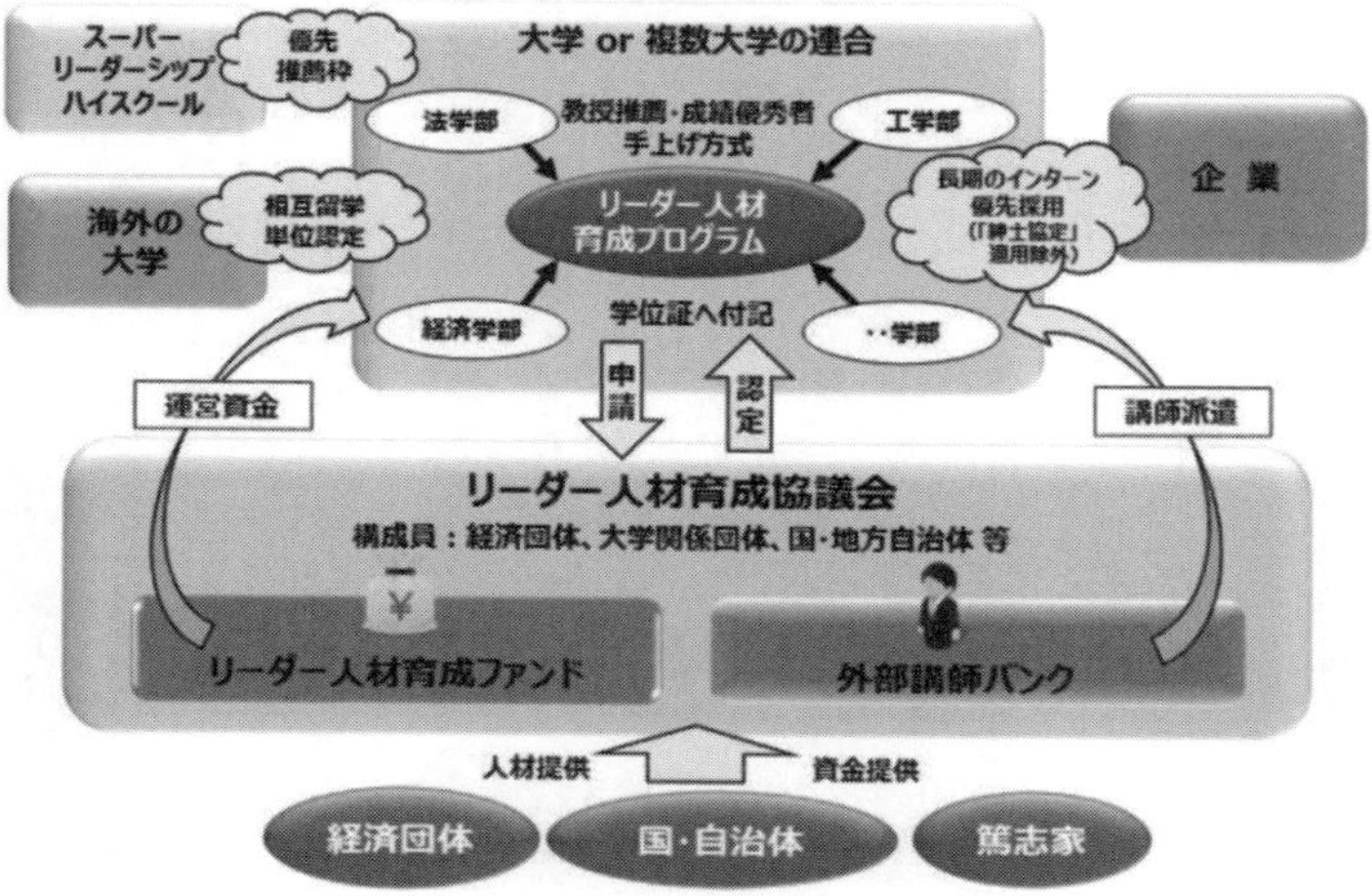

の水準以上に保たれるようにルールを設定し、それを厳格に運用することで、多様性の幅が学習成果につながるようにしたい。

ＬＤＰは、概ねグループワークによる学習と議論により進行する。学習テーマの発掘および選択は、可能な限り学習グループが主体的に行い、担当教授や大学院生・受講完了学生による介入は必要最小限にとどめたい。

学習グループ単位での成果発表の内容と、学習グループのメンバー間の相互評価、グループワークへのコミットメント（グループワークへの出席数、アクティビティへの参加数、成果物の作成ページ数など、客観的評価が可能なもの）などにより総合的な評価がなされる。

重要なのは、ＬＤＰを修了したことを成績

証明書などで明示することであり、これによって就職活動や大学院受験などの場で、ＬＤＰの価値を意識的に向上させ、結果的にこのプログラムを活性化させる。

たとえば、立教大学グローバル教育センターでは、２００６年に経営学部の「ビジネス・リーダーシップ・プログラム」としてスタートした「コア・プログラム」を全学部の学生が履修可能な科目群としてその拡大を図り、現在では「グローバル・リーダーシップ・プログラム（立教ＧＬＰ）」として提供している。立教ＧＬＰは、半期で2単位が与えられる全学部共通の科目として位置づけられており、２０１７年度は、ＧＬ１０１～３０２までの6科目が設置されている。

「権限がなくても発揮できるリーダーシップ」の涵養を目的とし、①各学生がリーダーシップ仮説を定義し、②グループワークでリーダーシップの発揮を実践し、③仮説を検証し、④仮説のアップデートを図る、という流れで実施される。立教ＧＬＰの受講は選抜制で、多様性確保が重視されている。すなわち、学部、性別、国籍（交換留学生）、大学の系列高校からの参加など、可能な限りさまざまな背景を持った学生を参加させる。

また、大分県別府市にある立命館アジア太平洋大学では、学生および教授の日本人と外国人の比率が1対1であり、英語のみでの卒業も可能という教育を日本国内で実現している。語学単位数の多さに専門教育が圧迫されるとの課題はあるようだが、これは、多様性ある環境を意図的につくり出すためにどうすればいいか、その一つの可能性を示している。

「リーダー人材育成協議会」

以上のような取り組みが円滑に進むよう、社会の側からの強力な支援を得るために、国や地方自治体、経済団体、さらには篤志家などからの寄付を広く受け入れた「リーダー人材育成協議会」を新たに設置したい。

本協議会の主な役割は、①ＬＤＰの認定に関するガイドラインを設定し、②大学（単独もしくは複数）から申請されたＬＤＰ認定申請をそのガイドラインに基づき審査・認定する、③認定した大学に対し、ガイドラインに則り運営資金を援助し、関係機関のＯＢらを中心とした講師人材を派遣する、などの取り組みを行う。民間を中心として設置された本協議会を通じて、資金面および人材面からＬＤＰの運営を盛り上げていく。

さらにたとえば、リーダー教育を選考基準とした特別な大学推薦枠を設けて、高校（スーパー・リーダーシップ・ハイスクール）と大学の接続を図るほか、実務経験を社会に出る前に積ませるため、ＬＤＰの受講生に企業での長期のインターンシッププログラムを提供する。これにより、ＬＤＰの位置づけがより明解となり、優秀で学習意欲の高い受講生を集めやすくなる。

6 教育基盤

ここまで、リーダー候補人材を育成するために必要な教育内容について提言を行ってきたが、7つの教育を実施するにあたっては、教育者の育成・能力開発も重要である。

提言⑥ 優秀な教員を創出する

戦後日本が推し進めてきた教育は、平等・公平を前提とした均質的な教育であり、能力に応じた選抜型のリーダー候補を育成するような教育ではなかった。そのため、学校教育の現場でリーダー候補者を指導できる教員を新たに養成する必要がある。

そうした教員を一朝一夕に揃えることは難しい。短期的には、すでにリーダー養成プログラムをもつ海外大学からサポートを受けたり、コンサルタント会社のマネジャークラス、あるいは実際に企業でリーダーとして活躍した経験者を教員や講師として招聘することが考えられる。そして長期的には、自身もリーダー候補者として研修を体験した教員を広く育てる体制をつくる必要がある。

教員は使命感を持って教育している

しかし、現在、教員を取り巻く環境は厳しく、リーダー候補を育成する教員を外部から招聘し、内部で教員を育成できるようにはなっていない。

第2章で取り上げたように、教員の時間的・精神的な負担は大きく、いまのままでは教員は心と体を休めることはおろか、自分を高めるための時間を持つことはできない。一方では、旧来の年功序列意識が根強く、教員への評価が適正に行われていない学校も存在すると言われる。同じ年齢であれば教授でも准教授でも同じ給与とする大学があり、また、教員の評価が教頭や校長の個人的な好き嫌いで行われたという驚くべき実情もあるという。

また、教員免許は2009年から10年ごとの更新制度が設けられたが、これはあくまで定期的に最新技術を身につけることが目的で、評価や不適格教員を排除するものではない。因みに、教員免許更新制度が導入された翌年に、文部科学省が民間に委託して行った「教員の資質向上方策の見直しおよび教員免許更新制の効果検証に係る調査」では、免許更新制の効果について、最新の知識技能の習得に対する効果が「とてもある」または「ややある」とした割合は約4割で、「あまりない」、「まったくない」とした割合と同じだった（2割は「わからない」と回答）。さらには、教員としての自信と誇りに関する質問に対しては、約3分の2が否定的な回答となっている。

もちろん、生徒や学生を心から思い、良い教育を行いたいという使命感を持つ教員が多く存在することも確かである。しかし、現在の環境を踏まえると、決して魅力的な職業とは言えない。従来の教育に加え、リーダー候補を育成する教員を外部から招聘し、内部で教員を育成するためには、業務を効率化することでエネルギーを授業に傾けて自分を向上させる時間を設けるなど、教員の環境改革を実施するとともに、納得のいく評価とそれに連動した報酬体系を導入し、教員という職業をより魅力的なものにする必要がある。

教員がモチベーション高く授業に集中できる環境を

現実的な解決策を考えた場合、まずは教員がしっかりと授業の準備を整え、自身の成長をうながすことができる環境の整備が必要である。

「日本教育」や「政治教育」など、全国民が必要とする教育においては、外部の力を活用したい。まず、文部科学省の外局として研修センターを設置する。新卒の教員、既任の教員およびさまざまな経験を積んだ企業のＯＢ、国の施策に取り組んできた官庁などのＯＢを再雇用し、1年間同センターで研修させ、新設科目の概要、教育手法などについて共通化を図る。

同センターにおける研修は、文部科学省が核となって作成したテキストに基づき、官・産・

学が一体となって議論を実施する実践型ディベート研修とする。教員自らが教育内容を体験することにより、ディベートの際に生じる問題点や論点について理解すること、また官・産・学が考える視点や抱える独自の問題点についても把握することができ、同科目に対する幅広い知識や知見が得られる。ただし、OBらの再雇用は人件費の増大を招き、結果として社会保障費を圧迫する恐れもある。そこで特に小学校教育においては、「日本教育」を教員が実施する科目と位置づけ、算数や理科、国語等の知識習得が主の教育や体育・図工等の実技教育は外部機関（塾）に委託する等の処置を実施し、教育に係る費用の軽減および教員の負担軽減に留意することが必要である。

次に、SLHでのコミュニケーション教育、ビジョン創造教育、リーダーシップ教育、グローバル教育については、高度に専門性が求められることから、専門の教員を育成する必要がある。教員養成は教育課程を持つ大学でも行われているが、リーダー候補人材を育成する教員については、一定の経験を積んだ者を充てることが望ましいため、文部科学省が主体となり、先に述べた研修センターで研修を実施すべきである。

とはいえ、現在の日本には、リーダー候補を育成する教員を養成できる人材は少ない。短期的には、海外のリーダー養成プログラムを持つ大学に希望する教員を派遣し受講させ、また、同様の大学から教員の派遣を受けたり、企業などを顧客としてリーダー研修を行っているコンサルタント会社に研修させたりすることで教員を養成していくことが必要となる。

教員の適切な評価・報酬制度の改革については、所属する学校長の評価と指導した生徒の学力・学習状況調査で得られる成績も考慮する。また、第三者監査機関を新設し、監査人による教員評価も行う。これらの複数の要素を元に地域ごとに多面評価会を実施し、評価に応じて賞与金額や昇給・昇格を決定するような、公平で透明性の高い評価の仕組みを整えるべきである。当然、優秀な教員に対しては、早い昇進の機会を与え、高水準の給与を支払うことになる。

リーダーがリーダーを育てる

ＳＬＨでリーダー候補を育成する教員の教員免許については、現在の教員免許とは別の「リーダー教員免許」を新たに創設する。「リーダー教員免許」の試験を受けることができるのは、①企業マネジャー以上の経験者、または②主幹教諭／指導教諭で、前述の文部科学省が主催する研修を受講、または海外大学院でリーダー養成プログラムを受講した者とする。限られたリーダー候補を育成するための教員であるので試験は厳しい。

一般知識、リーダー学、個人でのケースワーキングから成る筆記試験と人格や教員としての姿勢を確認する面接試験、グループワークでの評価と、教員であれば過去の評価も踏まえて判定される。知識だけでなく、教員自身もリーダーとしての資質を備えているかで合否が決まる。

免許の有効期間は5年間。更新時にも個人のケースワーキングとグループワーク試験があり、試験結果が著しく悪い場合や、5年間の評価のうち3年間で標準以下となった場合には、免許が取り消される。

免許の取得や更新が厳しい分、対価として給与は高くし、校長・副校長と同じレベルの報酬を得られる仕組みとする。また、一度免許を更新した後は、校長選考への応募も可能とする。全国のSLHで必要な教員の数は100名程度。休職が出た場合などの交代要員を考慮しても120名程度が必要な人員となることから、当初の合格者は多くても、一定数が確保された後の合格者は絞り込まれることになろう。

なお、「リーダー教員免許」以外の教員免許の更新制度については、教育の質を保つという目的にかなうものにすべきである。たとえば、免許の有効期間を現在の半分の5年間とし、その5年間のうち、3年間で標準以下の評価となった場合には降格となり、質を向上させるための研修を1年間履修しなければならないとするなどの、仕組みを考えたい。

これまで存在しないも同然だった、競争や第三者も交えた評価を教員の世界に取り入れることで、よりモチベーションを高め、教員および教育の質を向上させることができるだろう。教員が本来的な意味で「先生」と呼ばれ、尊敬されることが大切である。

広島県の取り組み

最後に一つ、興味深い取り組みを紹介する。

広島県では、公立の中高一貫校として「グローバルリーダー育成校（仮称・正式名称は２０１７年秋に決定予定）」を２０１９年４月に開校しようとしている。瀬戸内海に浮かぶ島に、中学は1学年40名、高校は1学年60名（うち外国人留学生20名）という比較的少人数を集め、全員寮でともに生活しながら、国際性を身につけ、実社会の課題解決に挑戦するという。実践的な英語学習やプロジェクト学習の導入、世界中から集まった生徒や教員などの多様性あふれる学習環境など、われわれの提言とも重なる部分が多い、新たな取り組みである。設立準備は進んでおり、すでにこの学校への赴任予定の教員を、研修のため海外派遣するなど準備を重ねている。今後の動向に注目したい。

7　2050年、多くのトップリーダーがいる日本

われわれはここまで、分断する世界をつなぎ止め、将来にわたり存在感を示すことのできる

日本であり続けるために、変革を牽引するトップリーダーを意図的に育成していくための7つの教育の体系的実施を提言してきた。

「日本教育」を行うことで、日本人であることに自信と誇りを取り戻してほしい。世界に誇るべき日本人の道徳心・倫理観は、わが国の長い歴史の中で脈々と育まれてきた。また、他国との関係性を理解することで、それぞれが果たした役割と意義、重要性を学び、日本人としてのアイデンティティを強固なものにできる。

「政治教育」では、日本の行く末は主権者たる国民が決めるというシンプルな大前提を再認識したい。健全な民主主義は健全な国民の行動により実現され、維持される。日本が日本らしく変革し、今後も繁栄できるかどうかは、国民一人ひとりが社会参加するかにかかっている。政治教育で、若者たちに自ら行動することの必要性と行動できる力をしっかりと身につけさせたい。

「批判的思考教育」では、自ら考え主体的に行動できる人間をつくりたい。世の中にあふれる情報を鵜呑みにし、安易なポピュリズムに誘導されないよう、多様な情報を正しく見極め、他者の意見を正しく理解できるようにする。時流に流されない自我を持ち、自ら考え、真実を見抜く力を習得する。

そして仕上げとして、将来の日本を背負うリーダーを若いうちから育て上げるため「コミュニケーション教育」「ビジョン創造教育」「リーダーシップ教育」「グローバル教育」を行う。リーダーシップは教育により涵養することができる。われわれはそう考えた。トップリーダーは社会での経験を糧に創出されるが、その基礎となる能力を学校教育の段階から意図的に引き出さなければならない。

この７つの教育に関する提言を実現することで、日本の人創りをめぐる環境は激変し、グローバルに活躍するリーダー候補が数多く輩出されるだろう。彼らが社会に出て荒波に揉まれることで、失敗も含めて多くの経験が加わり、真のトップリーダーが育成される。その結果として日本は、世界有数のイノベーション大国となり、多様な高度人材が集まるようになる。経済成長と教育の充実の好循環が醸成され、日本が国際社会において将来の長きにわたりプレゼンスを維持し続けていることをわれわれは信じる。

実は、われわれがこの1年間参加した「フォーラム21」こそ、変則的ではあるが７つの教育を習得する「場」だったのではないかと思われる。われわれはこの1年間、課題図書で日本の近現代史を改めて学び、座禅研修やお茶会を通じ日本の文化に直接触れ、そして自衛隊体験入隊に参加することで「国を守る」ということを身をもって体験するなど、日本人としてのアイデンティティを築きなおした。７つの教育その他の要素についても、週二回の熱い議論やさまざまなアクティビティなど繰り返しの実践を通じて習得することのできた一年だった。この一年間を経験したからこそ、確信を持って言うことができる。

われわれはこの国の素晴らしい未来を目指し、提言の実現をこれからも強く推し進めていきたい。

＊本章執筆にあたり、以下の企業・団体等を取材させていただいた。謹んで御礼申し上げる。日本アイ・ビー・エム（株）、神奈川県立厚木高等学校、広島県教育委員会、品川女子学院中等部・高等部、東京都立国立高等学校、岩手県立盛岡第一高等学校、渋谷教育学園渋谷中学・高等学校、ＮＰＯ法人ＣｅＦＩＬ、ＮＰＯ法人アイセック・ジャパン、マッキンゼー・アンド・カンパニー、セコム（株）ＩＳ研究所、立命館アジア太平洋大学、立教大学グローバル教育センター、ヘイグループ、Australian Defence College、東京都教職員研修センター

第4章

国創り——人を支える「国のかたち」

第1・2分科会◉テーマ：憲法

1 日本が抱える課題の根底には憲法問題がある

現代日本をとりまく環境は、まさに内憂外患というほかない。〝課題先進国〟日本を救い出し、未来への国創りを進めるために、われわれは日本の諸課題の基底にあるものを考えた。そして、そこには憲法の議論が不可避であることを認識した。

沖縄問題に見る国と地域社会の分断

最初に、国と地域社会の関係について考えてみたい。具体的な例として、いわゆる沖縄問題を取り上げたい。周知のとおり、国と沖縄県の立場は異なり、簡単に解を導き出せる問題ではないが、今後の日本の国創り、あるべき姿を考えていくうえでは避けては通れないばかりか、切迫化・深刻化している。

この沖縄問題は、日米安保を基軸とした安全保障政策を続ける国と、米軍基地を押し付けられてきたと主張する沖縄県の分断だと言える。直近の世論調査では、少なくとも過半数の沖縄県民が在日米軍の存在について悪い印象（「どちらかというと悪い印象」を含む）を持ってお

在日米軍に対する印象

全般的に見てあなたは在日米軍に対して良い印象を持っていますか、
それとも悪い印象を持っていますか。（○は１つ）

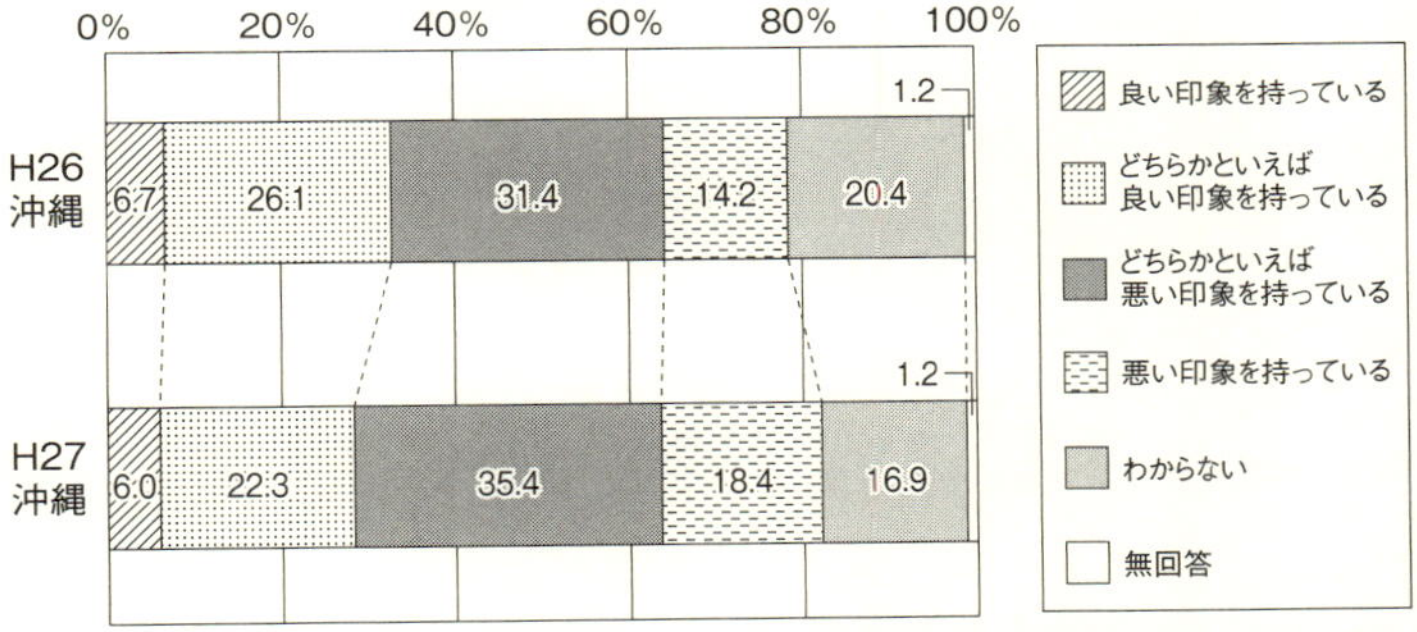

出典：沖縄県知事公室地域安全政策課「平成27年度地域安全保障に関する意識調査」

り、普天間飛行場の辺野古移設についても、「反対」もしくは「どちらかというと反対」と回答している。２０１４年の沖縄県知事選挙で、普天間飛行場の名護市辺野古移設に真っ向から反対の姿勢を示した翁長雄志氏が当選したことが示すように、これがいまの沖縄の民意である（ただし、必ずしも総意ではない）ことは事実である。

一方、日本政府は普天間固定化を防ぐ「唯一の選択肢」として辺野古移設を進めており、ここに国と沖縄県との分断が見られる。この普天間基地移転問題は１９９５年の米兵による少女暴行事件を契機に議論がなされ、１９９９年に辺野古移設を決定した（沖縄県は15年間の使用期限条件付き承認）。その後膠着状態が続いたが、２００４年の米軍ヘリ墜落事故により普天間基地閉鎖の声が高まり、２００６年に辺野古沖にＶ字滑走路建設、２０１４年度移設と

普天間飛行場の名護市辺野古移設に対する考え

普天間飛行場を、名護市辺野古に移設する政府の方針に賛成ですか、反対ですか。（〇は１つ）

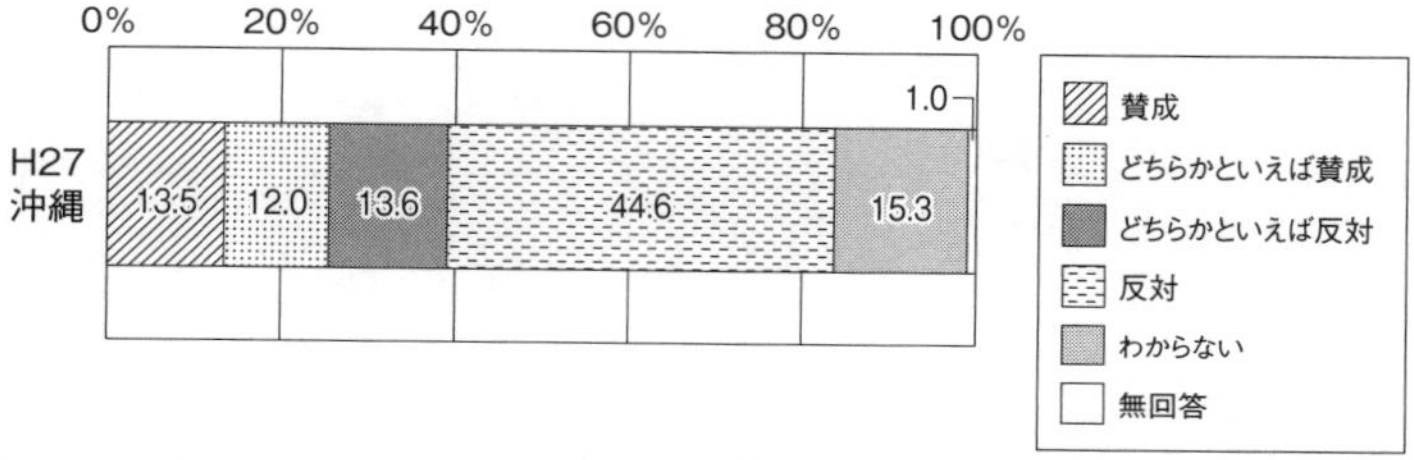

出典：沖縄県知事公室地域安全政策課「平成27年度地域安全保障に関する意識調査」

いうかたちで決着がついたかに見えた。しかしながら２００９年、「最低でも県外（移設）」と選挙公約した民主党鳩山政権の誕生で、普天間基地移設問題は振り出しに戻ることになった。２０１２年からの自民党政権下で辺野古移転手続きは再開したが、国と沖縄県の分断はいまでも続いている。

なお、沖縄県民の日米安保に対する意識については、これも過半数以上の県民が日本の安全と平和に役立っている、もしくはどちらかというと役立っていると答えている。沖縄県民も当然日本国民として日本の安全・平和を願っており、日米安保にも一定の理解を示している。「日米安保の重要性は理解するものの、米軍基地はいらない」という意識が、沖縄県民世論の中央値のように思える。

この沖縄問題については、先にも述べたように簡単に解決策を見いだせる問題ではない。

われわれは２０１７年６月に沖縄を訪れ、多くの有識者

日米安全保障条約についての考え方

日本は現在、アメリカと安全保障条約を結んでいますが、この日米安全保障条約は日本の平和と安全に役立っていると思いますか、役立っていないと思いますか。（○は１つ）

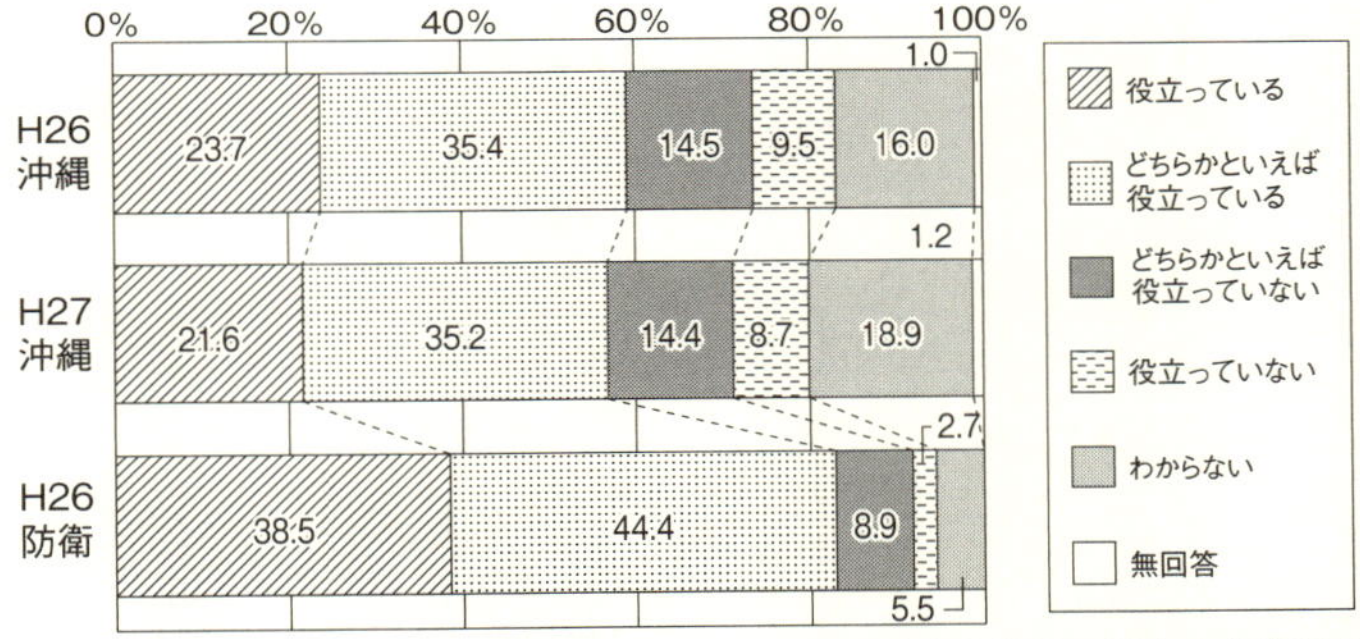

出典：沖縄県知事公室地域安全政策課「平成27年度地域安全保障に関する意識調査」

のお話を伺った。沖縄藩設置（琉球処分、１８７２年）に始まり、第二次世界大戦では多数の民間犠牲者を生んだ沖縄戦、戦後の米国統治下時代、そして本土復帰（１９７２年）と、短期間の内に起こった複雑かつ不幸な歴史と、そこで醸成された県民の価値観を肌で感じることができた。

一方で、若い県民たちの意見を聞く機会も得たが、米軍基地は生まれた時から存在していたので、もとより沖縄県の一部と認識しているとの声を聞き、今後時代とともに沖縄の世論が変容する可能性があることも実感した。

内地の人間は、沖縄の負担に「フリーライド（ただ乗り）」するのではなく、少なくとも沖縄の歴史を真摯に学び、また県民の声にしっかりと耳を傾けなければならない。

権利と義務のバランスの喪失

次に、個人と国との関係について考えてみたい。わかりやすい例は、社会保障制度の現状だ。わが国の社会保障制度は、国民が生活上のリスクを相互分散する共助システムである（1950年社会保障制度審議会「国民の自主的責任の概念」より）。しかしながら、年金制度は人口増加と一定の経済成長を前提として設計された制度であり、その前提が揺らいでいる。そのためモラルの問題が顕在化した。

将来もらえるかどうかわからないから払いたくない、自立して生きていくから国には頼らないといった理由で保険料を支払わない人々、あるいは社会保険料の支払い回避をするため、雇用形態を正規雇用社員としない企業の存在なども指摘されている。本来、納税と同じく社会保険料負担は国民の義務である。社会保険料や税などの負担と給付を適正化し、公平・公正な社会を実現すべく、2016年からマイナンバー制度が導入された。

一方で、年金給付費は増加の一途を辿っている。制度の破綻の可能性すら叫ばれる状況の中で、いまなお手厚い保障を受けている高齢者と満足な給付が得られないかもしれない若年層を対比し、「シルバー民主主義」と揶揄される状況を生んでいる。社会保障制度の本来の趣旨に照らせば、年金受給世代は負担世代の頑張りを期待するだけではなく、自分たちの世代で相互扶助をする。すなわち、支える人が少ないのであれば余裕がある受給世代も支える側に回るという発想を持つ必要があるかもしれない。

これら一連の話に、義務軽視・権利偏重といったバランスの悪さを感じるのである。自らの利益を優先させ負担の義務を軽視する、社会保障制度の本旨に目をつぶり既得権を主張する、そんな利己主義が蔓延していることを危惧する。

国際社会における国家としての自立性の欠如の顕在化

さらに、国際社会と日本の関係について考えてみたい。

第二次世界大戦後の日本は、経済優先・軽武装の政策を取り続けた結果、経済では国際社会において一定のプレゼンスを保つ位置にいるが、防衛・安全保障分野では日米安保の枠組みの中で米国に依存し、自立していないのは隠しようのない事実である。

そもそも日米安全保障条約は戦後、暫定的に米軍が駐留し日本の防衛を援助することとした条約（１９５１年旧日米安保条約）が締結され、その後の岸政権で、自衛隊の海外派兵をともなわない（日本の管理領域に限る）変則的な相互防衛を定める新日米安保条約に改定（１９６０年新日米安保条約）がなされ現在に至る。米ソ冷戦構造が形成されるなかで、日本にも一定

現代日本の「分断」の構図

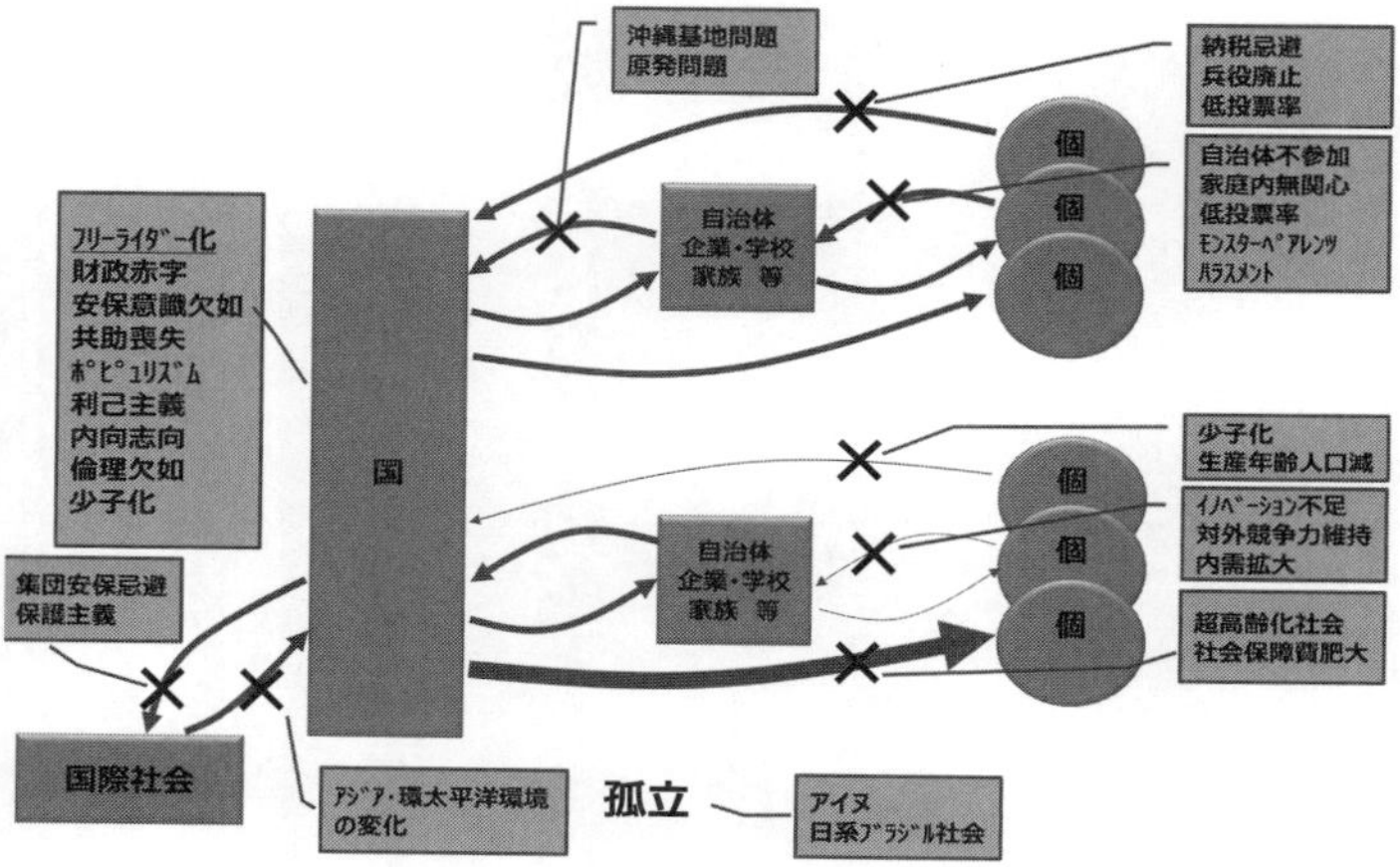

出典：フォーラム21第１分科会作成

の貢献を期待した米国と、経済優先・軽武装を優先した日本との間で結ばれた条約なのである。

　ソ連の崩壊とともに冷戦構造は終結し、国際社会秩序の変化にともない、日本の防衛・安全保障体制は１９９２年にＰＫＯ協力法が制定され大きく展開する。２０１６年には平和安全法制（安保法）が施行されたように、積極的平和主義へと大きく舵を切った。

　他国を攻撃する戦力を保持できない現在の日本においては、抑止力の観点からも引き続き日米安保を基軸とした防衛・安全保障体制を強化し、相互依存を強めることが重要である。国際社会に対しては、先般一定条件のもと認められた集団的自衛権の枠組みの中で、日本独自の貢献を果たしていくことが自立への一歩である。

国際情勢はますます複雑化しており、ＩＳなどのイスラム過激派やサイバー攻撃への対応、またアジア太平洋地域においては中国の台頭や北朝鮮の核開発への対応などが待ったなしの状況にあり、自立した防衛力の強化は避けられない。

こうした状況の変化にともなって重要となってくるのが、国民の安全保障に対する意識である。日本は戦後、世界の警察官、米国との日米安保といういわば〝公助〟の仕組みに守られ、国民はそれを当たり前のように享受してきた。

しかしながら戦後70年を経過したいま、国際社会に目を向け、安全保障という領域においても自助・共助・公助のバランスの取れた体制を考えなければならない。いかに自立して防衛力を強化し、また平和な国際社会に貢献していくのか。国民の意識改革なくしては成しとげることはできない。

右ページの図はこれまで述べてきたことを整理した図である。

われわれは意識するしないにかかわらず、国・自治体・企業・学校・サークル・家族などの集団・集合体、すなわち「共同体」の中で生活しており、個人はこの「共同体」との関係を無視して生活することはできない。

個人と共同体、最終的には「国家」との間には、図で×印で示したように分断が生じている。沖縄の負担に関心を持たずに安全保障を享受する構図、社会保障制度の負担世代と受給世代のアンバランスな構図などが象徴的である。われわれは「個」の利益を追求するあまり、いつのまにか「公」を軽視し、また「公」の制度にフリーライド（ただ乗り）していないだろうか。そしてこの分断が、国家と国民の自立心喪失へと導いていないだろうか。

この状況を打開するためには、「個」と「公」の基本的な関係を定義し直す必要がある。そのためには、日本の戦後システムの基本軸である日本国憲法に遡った議論が必要だと考えた。

日本国憲法制定の経緯

ここで、日本国憲法制定の経緯を振り返ってみたい。

現行の日本国憲法が公布されたのは１９４６年11月３日、翌年5月３日に施行された。この間、日本はポツダム宣言を受託して連合国軍の占領下に置かれており、その主権が著しく制限されていた。なぜ主権が制限されている時期に憲法が制定されたのだろうか。

当時は、天皇の戦争責任を追及すべしとする、米国の世論や極東委員会の参加国（米国、英国、ソ連（当時）、中華民国、オランダ、オーストラリア、ニュージーランド、カナダ、フランス、フィリピン、インド）の厳しい主張があった。この状況下で1946年2月13日に連合国総司令部より示された新憲法案には、天皇は「象徴」として儀礼的な君主とされ、また国家の主権的権利としての戦争を廃棄することが記されていた。この案を日本側に提示した際、総司令部は、この新憲法が受け入れられるならば、天皇は安泰になると考えている旨の発言を行っている。日本側としては、新たな民主国家と共存した天皇制を打ち出す新憲法をすぐに示す必要があり、最終的にはこの総司令部案に基づき日本案をまとめた。

なお、日本国憲法の制定は大日本帝国憲法の改正（第73条）という手続きが採られ、大日本帝国憲法との法形式的な連続性が施されている。しかし、天皇主権から国民主権という主権者の交替をともなう変革を、旧憲法の改正という手続きで行うことが適正だったのかどうかについては、疑問も呈されている。

東西冷戦の開始と日本国憲法

1945年10月24日、第二次世界大戦を防げなかった国際連盟の反省を踏まえ、国際連合憲章に基づき、国際連合が設立された。日本国憲法の前文には、「われらは、平和を維持し、専制と隷従、圧迫と偏狭を地上から永遠に除去しようと努めてゐる国際社会において、名誉ある地位を占めたいと思ふ」と記されている。この前文が前提としていたのは、戦後の「国際連合による集団安全保障」で秩序が確保されるという国際社会の姿であった。

しかし、まもなく欧州において米国・英国とソ連（当時）との対立が激しくなり、1946年3月、英国のチャーチル前首相は米ミズーリ州フルトンで「鉄のカーテン」演説を行う。1947年3月には、米国トルーマン大統領が議会への特別教書演説において、共産主義の封じ込め政策「トルーマン・ドクトリン」を発表する。こうして米国を中心とする西側諸国とソ連を中心とする東側諸国の対立は深まり、以後半世紀近くにわたり世界は東西冷戦という対立構造の中に組み込まれていった。

この冷戦構造の下で、国際連合憲章第7章による安全保障理事会の指揮に基づく国際連合軍が編成されることは、朝鮮戦争時の例外――この時はソ連の安保理欠席のなかで編成された――を除き結局なかった。国際連合による集団安全保障という秩序が実現しないことが次第に明らかになり、安全保障面についての日本国憲法の前提は崩壊していった。

一方、連合国総司令部は、この新憲法が制定後早いうちに、改正されることを視野に入れていたようである。実際、総司令部の最高司令官マッカーサーは、1947年1月の吉田茂首相宛ての書簡において、「昨年1年間の日本における政治的発展を考慮に入れ、新憲法の現実の運用から得た経験に照らして、日本人民がそれに再検討を加え、審査し、必要と考えるならば改正する、全面的にしてかつ永続的な自由を保障するために、施行後の初年度と第2年度の間で、憲法は日本の人民ならびに国会の正式な審査に再度付されるべきであることを、連合国は決定した」と述べている。

また、極東委員会も、新憲法が総司令部主導でつくられていくことに疑問を呈する反面、内容に細かく干渉すれば「日本国民の自由に表明せる意思の表明」とのポツダム宣言の趣旨を尊重しないとの批判を免れないとの意見があったことから、1946年10月、憲法発効後「1年を経て2年以内に」国会と極東委員会が新憲法を再検討することを決定（極東委員会「日本の新憲法の再検討に関する規定」翌年3月に公表）していた。

このような経緯を踏まえれば、1951年のサンフランシスコ講和条約を経て主権を回復した日本は、独立国家として改めて世界の現実を踏まえた憲法を制定することが筋であった。しかし、すでに1949年3月の衆議院外務委員会において、吉田首相は「政府においては、憲法改正の意志は目下のところ持っておりません」と答弁（記録上は兼任していた外務大臣としての答弁）している。その後も、米国による安全保障の下での経済優先・軽武装という、いわゆる「吉田ドクトリン」の方針の下で、日本は奇跡的な復興を遂げ、経済大国としての地位を獲得した一方で、前述の安全保障と憲法との齟齬は優先的に解決すべきものとはされないまま、今日に至っている。

日本国憲法の制定過程（1/3）

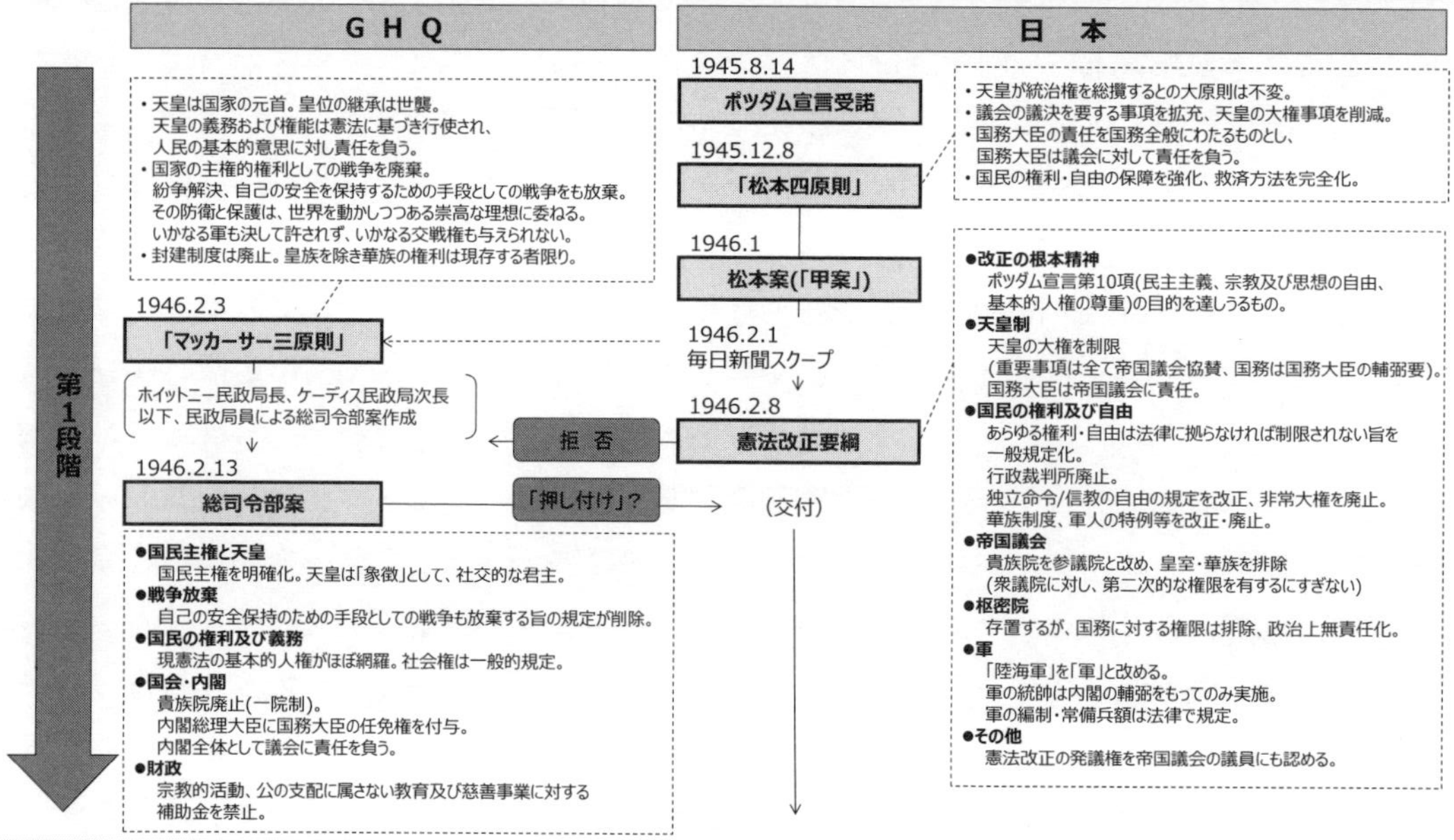

出典：フォーラム21 第一分科会作成

日本国憲法の制定過程（2/3）

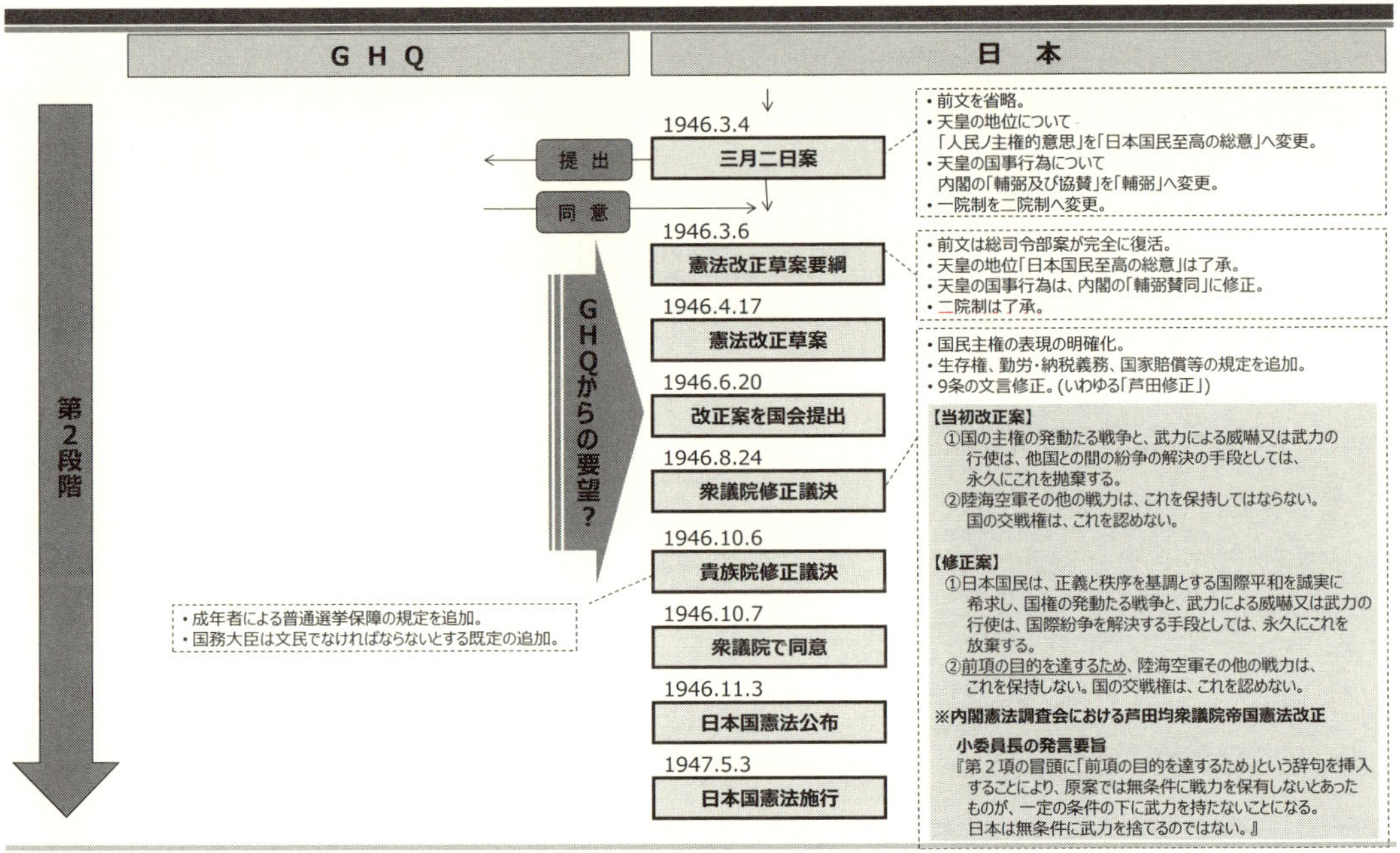

出典：フォーラム21 第一分科会作成

日本国憲法の制定過程（3/3）

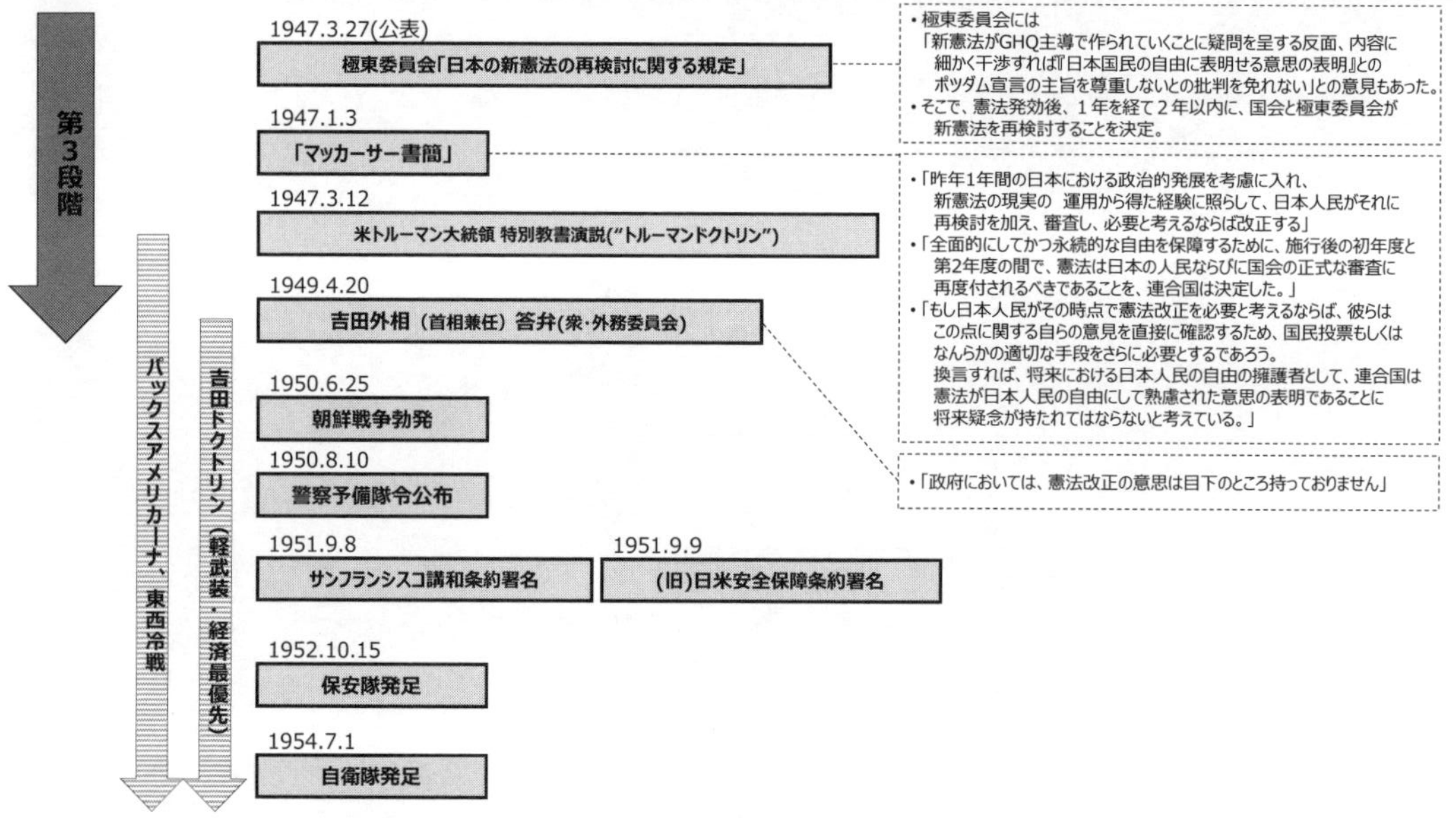

出典：フォーラム21 第一分科会作成

なぜ日本国憲法は改正されていないのか

２０１７年は日本国憲法施行70年という節目にあたり、５月３日の憲法記念日を中心に多くのマスコミがこのテーマを取り上げた。われわれが学生だった昭和の時代、改憲論議を新聞やテレビが取り上げることは、ある意味タブーであった。そんな時代からすれば隔世の感すらある。

転機は１９９４年、読売新聞が憲法改正試案を提示したことにあるようだ。この試案は大きな反響を呼び、国会にも影響を与えた。現在、衆・参両議院に設置されている憲法審査会などのシステムも、この時の議論に端を発するという。

日本国憲法は「硬性憲法」との評価が一般的である。確かに、改憲に向けた「３分の２以上の国会議員による発議」と「国民過半数の賛成」のハードルは相当に高い。しかし次ページの表に見られるように、同様の改正要件にもかかわらず、憲法改正を実施している国もある。そのような中で、なぜ日本においては一度も憲法改正が行われていないのだろうか。

日本国憲法は諸外国の憲法と比較して、統治機構、特に議員定数、選挙方法など国政選挙制度の詳細が憲法の中で定められていないため、憲法を改正する必要性が少ないとの指摘もある。確かに国政選挙に関しては、第47条で「選挙区、投票の方法その他両議院の議員の選挙に関す

各国の憲法制定手続

国	日本	韓国	米国	ドイツ	フランス	スイス
根拠	憲法	憲法	合衆国憲法	憲法 （ドイツ基本法）	憲法	憲法
発議主体・要件	【国会】 （二院制） 両院で総議員の2／3	【国会】 （一院制） 在籍議員の過半数 または 【大統領】 国務会議の審議	【連邦会議】 （二院制） 両院で総議員の2／3 または 【州議会等】 2／3	連邦会議】 （二院制） 両院で総議員の2／3	【国会】 （二院制） 両院で有効投票の過半数 または 【大統領】 首相提案に基づく	【国民】 有権者10万人以上 または 【連邦議員、会派、州、政府等】 ※明文規定なし
改正要件	【国民投票】 有効投票の過半数	【国会】 在籍議員の2／3 ＋ 【国民投票】 過半数(有権者の過半数の投票要)	【州議会等】 3／4		【国民投票】 （国会提出の場合） 有効投票の過半数 または 【両院合同会議】 （政府提出の場合） 有効投票の3／5	【連邦議会】 （二院制） 投票者の過半数 ＋ 【国民投票】 投票者の過半数
戦後の改正	0回	9回	6回	59回	27回	140回

出典：『諸外国における戦後の憲法改正【第4版】』『主要国の憲法改正手続』（以上、国立国会図書館）、『世界の憲法改正手続比較』（辻　雅之）ほか
※戦後の改正回数は、新憲法制定を含んだ、2014年3月現在の実績

る事項は、法律でこれを定める」としか規定されておらず、１９５０年に成立した公職選挙法を50回以上改正することで、日本は対処してきた。過去3回の大幅な選挙制度改革（１９９４年・衆議院の小選挙区比例代表並立制、１９８２年・参議院の拘束名簿式比例代表制、２０００年・非拘束名簿式比例代表制）ですら、いずれも法律改正で対処している。

「戦後レジームの脱却」解釈の仕方

わが国の戦後政治で長らく続いたいわゆる「55年体制」は、自由民主党が与党第一党として長く政権を握った時代であった。本来、自由民主党は「自主憲法制定」を党是とした政党であるが、実際には前述のとおり、「吉田ドクトリン」以降一貫した経済優先・軽武装路線で日本を高度成長に導く一方、憲法改正はむしろ回避してきた感すらある。

この党是と戦略のねじれは、結果的に現在まで続いている。かねてより安倍晋三首相は「戦後レジームからの脱却」を謳っている。この「戦後レジーム」とは何か、何からの脱却を狙うのかを考えることが必要だ。

敗戦を体験した世代には、その苦い思い出とともに戦争に対する強烈な嫌悪感があることは容易に想像される。たとえば、憲法改正は即9条の変更であると思い込み、こうした議論をタブー視し、国家観や価値観を議論することすらも、国民を再び戦争へ煽動しかねない危険な行為であると忌避する風潮があったことは事実である。その心情は、われわれの世代も十分理解できる。

しかし、長い時間を経るうちに、憲法と国民の価値観、そして国内外の情勢との間にズレが生じてくる。その間、日本は必要が生じれば、憲法解釈の変更と法整備で対処するとの場当たり的な手法を採り、それが慣例として定着してきた。結局は、憲法への議論をタブー視する風潮が、国民の憲法や政治に対する無関心や平和ボケ、さらには過度の権利主張といわれる状態をつくり出してきたのではないか。

戦後レジームとは一般に、戦後の占領下、日本国憲法のもとでつくられた諸制度を意味すると考えられているが、こうして見てくると、その制度は、復興・経済成長に益しながらも、「個」と「公」の分断、国家・国民としての自立心の喪失という問題につながるものであったように思われる。すると戦後レジームからの脱却は、憲法と日本の現在とのズレに真正面から向き合い、これからの日本のかたちについて新たな価値観、方向性を打ち出すことではないか、と考えられる。

2 日本国憲法新前文案をつくる

われわれは、日本を「自立」した国家として再生し、また「共助」の精神にあふれた人と国を創っていきたいと考える。そのためには、そもそも日本がどのような国であったか、これから日本がどういう国であり続けるか、この国のかたちを示す必要がある。

そして先ほど見てきたように、憲法と日本の現在が大きくねじれているのであれば、現行憲法の精神的基盤である「前文」を真摯に議論することで、そのかたちを示すことができるのではないか。同時に、あるべき新前文案を提示し逐条の改正にもつなげていきたい。われわれの憲法論議が、未来の日本のかたちを示せれば幸いである。

憲法前文とはどういうものか

そもそも憲法前文とは、その基本原理を示すものととらえるのが一般的である。事実、日本国憲法が施行後の１９４７年８月に、当時の文部省から中学校1年生用社会科の教科書として発行された『あたらしい憲法のはなし』では、前文を次のとおり解説している。

前文には、だれがこの憲法をつくったかということや、どんな考えでこの憲法の規則ができているかということなどが記されています。この前文というものは、2つのはたらきをするのです。その1つは、みなさんが憲法をよんで、その意味を知ろうとするときに、手びきになることです。つまりこんどの憲法は、この前文に記されたような考えからできたものですから、前文にある考えと、ちがったふうに考えてはならないということです。もう1つのはたらきは、これからさき、この憲法をかえるときに、この前文に記された考え方と、ちがうようなかえかたをしてはならないということです。

また、世界に目を転じると、多くの国の憲法が前文を有しているが、その内容は憲法制定の由来や、その趣旨・目的、憲法の基本原則や理想を宣言するものなどさまざまである。長大な前文もあればきわめて簡潔に書かれているものもある。

日本国憲法の現行の前文については、近代憲法に内在する人権保障と国家権力への歯止め、すなわち「立憲主義」や、その進化を支えた国民主権の原則を改めて確認しつつ、平和主義と合わせて憲法の基本原理としてその制定意思とともに示している点、および憲法典の一部を為し、法規範性を有している点などから、評価する見解がある。一方で、前文の多く部分に他国の憲法や宣言からの引用があるとして、その独自性に疑問を呈する意見や、日本固有の歴史・文化や、その成立過程を謳うべきといった意見が、各方面から提示されている。

前文に必要なものは何か

後述するように、われわれは1年をかけて日本各地を訪問し、日本が形成された歴史的、文化的過程を検証してきた。その検証プロセスをここで説明する紙幅は残念ながらないが、日本語という共通の媒介手段を基盤としつつ、「自助・共助・公助」をバランスよく享受し、天皇を中心に自立・安定した国家・社会を形成してきた日本の文化的アイデンティティを確認することができた。と同時に、それを憲法前文できちんと表現できていないことが、現在の日本国憲法の最大の弱点ではないかと考えるようになった。

日本が育んできたものを誇りとし、これを再定義して前文に表すことにより、「自立」した国家、「共助」精神にあふれた国家、言いかえれば、「個人」の権利尊重と「公」への貢献が両立した国家をつくる基礎となるのではないか。そして、その価値観を、日本が世界で起こっている分断をつなぎとめることに貢献する基本原則として内外に広く宣言・発信すべきではないか。そうした観点から、憲法前文の改定案を提言することとした。

国連憲章は、その前文において、「寛容を実行（practice tolerance）し、且つ、善良な隣人として互いに平和に生活する」という理想を掲げる。この理想を具現化するような憲法前文を日本が制定・発信することができれば、分裂の危険をはらむ昨今の国際社会に対して、大きな一石を投じることになるのではないか。

憲法第9条と前文

最近の改憲議論の中では、わが国の自衛権のあり方について、憲法解釈によって対応してきた従来の政治姿勢から踏み出し、憲法に明記すべきとの提起がなされている。ただし、これを実現しようとした場合、前述したとおり、「国際連合による集団安全保障」秩序が有効に機能することを前提としている現行前文の問題が顕在化する。

また仮に、自衛隊の存在のみを〝加憲〟する場合「日本国民は、恒久の平和を念願し、人間相互の関係を支配する崇高な理想を深く自覚するのであつて、**平和を愛する諸国民の公正と信義に信頼して、われらの安全と生存を保持しようと決意した**」との現行前文とは、明らかに齟齬が生じると考えられる。北朝鮮から発射された弾道ミサイルが日本の排他的経済水域に着弾する事態が頻発している昨今の極めて厳しい国際情勢にあっては、「平和を愛する諸国民の公正と信義に信頼」したところで、実際の日本の安全と生存が確保されないことは明らかだろう。

このように、憲法第9条に関する改正議論を踏まえると、併せて前文の改定を行うことが必須であるとわれわれは考える。

新前文案、起草のポイント

日本国憲法制定後、日本は、「平和を愛する諸国民の公正と信義に信頼して、われらの安全と生存を保持しよう」との決意の下、国民主権、基本的人権、平和主義を固く護持しながら、他の国々との活発な交易を通じて、平和で豊かな社会をつくり上げてきた。しかし、公正と信義が貫かれるべき国際社会は武力による脅威や分裂の危機を抱え続けた状態にあり、不安と貧困に直面する諸国民は決して少なくない。

日本はこれまで、いわば安定した国際環境は与えられたものとして、一国の平和と繁栄の実現に努めることで国際社会において名誉ある地位を得ることを目指してきた。だが、いまや日本は、与えられることを望むだけの立場から、民主主義に基づいた発展を願う諸国民が平和で豊かな生活を謳歌できるよう、公正と信義を基礎とする安定した国際社会の実現に貢献すべき立場にあり、その覚悟が国際社会から問われている。この問いに対する答えとして新しい前文が起草されなければならない。

以下に、われわれが起草した新前文案を提示する。

【日本国憲法　新前文案】

日本国は、ユーラシア大陸東岸から海を隔て、東に太平洋を臨む島々からなり、ここを居と定めた人々が豊かな自然とともに日々の営みを積み重ね、価値観を育み、分かち合いながら形作ってきた。

太古より、大陸や南の島々から豊かさを求めて渡来した人々は、さまざまな違いを理由に排除し合うのではなく、日本語という共通の意思伝達手段を産み出し、正義を以て自らを律する「義」を護り、お互いを認めて助け合う「和」を尊しとする価値観を共有していくことで、天皇を中心とした安定した社会を構築してきた。この歴史が日本の根本を形成している。

日本人は、優れた思想、知識、技術を海外からも真摯に学び、切磋琢磨を通じて特色ある文化を育んできた。独自に発展した文化は、時に、世界に対して新たな価値として提示され、他の文化の更なる発展の一助となり、東西の相違をつなぐ橋渡しの役割をも果たした。世界に対してこうした積極的な役割を果たすことがあった一方、国内に満ちた力を制することができず、海外に災禍をもたらす事態を引き起こしたこともあった。

戦争の惨禍を経験した後、今日の日本は、国際社会の公正を拠り所に、天皇を国の象徴とし、国民を主権者として基本的人権を護持する平和国家としての道を進み、国民が自由を享受しながら平和で安定した社会を構築してきたことを誇りとしている。しかし、平和で豊かな社会は、国民のたゆみなき日々の努力によって手にしたものであり、その努力を怠ってはならない。

世界に目を転ずれば、個人の尊厳と社会の公正を最高の価値として希求する国際社会は、分裂の芽を常にはらんでいるという現実を、その一員として直視しなければならない。特に、自国民の生命にまで脅威を与える行為や、他者を武力を以て威嚇する行為は、断じて許されるものではない。

次世代に平和で豊かな社会を引き継いでいくためには、今を生きる国民が、権利と義務を正しく知り、公に奉仕する精神をもって貢献していかなければならない。同時に将来にわたって世界の範となり、分裂する危険をはらむ国際社会をつなぎとめていかなければならない。

日本国民は、ここに、憲法を通じて、天皇を国民統合の象徴とし、営々として築き上げてきた歴史の上に、国民主権、基本的人権、平和主義の原則を堅持するとともに、「義」と「和」という価値観を以て公正と信義に貫かれた国際社会の実現に貢献していくことを、国際社会に対して明らかにするとともに、次世代の国民に対して確実に引き継いでいくことを宣言する。

この前文案は、われわれが1年間積み重ねてきた「日本とはどういう国か」という議論と考察の集大成でもある。この議論と考察のためにさまざまな現場に触れた。古代より海上交通の要衝である対馬や、大陸や半島との重要な接点であった宗像の地を訪れ、地理的条件、長い歴史の存在が日本という存在を条件づけていることを学び、伊勢神宮、宇佐神宮をはじめ、数多くの神社を訪れ、天皇制の基盤のうえに統一され調和のとれた社会を実現した日本の成立過程を感じた。鎌倉の禅寺などでは中世日本の大転換の歴史を学んだ。また、伊藤博文の墓前祭で4代目伊藤家当主ら明治以降の日本の近代化を支えた人々の末裔の伝え語りを聴き、沖縄、北海道ではその歴史・文化を改めて知り、また米軍基地など安保の最前線の現場を見るなかで、未来と世界に対する日本の責任を感じた。さらに、群馬県大泉町では、日本に職を求めてきた外国人との共生に尽力する行政の現場にも触れ、これからの日本の「和」の姿を思った。

そうした活動を通じて、日本が一貫して「自立」と「共助」を重んじてきた歴史に改めて気づき、その精神性を一語で表すとすれば「義」と「和」といえるのではないか、との結論にわれわれは至った（われわれがこの結論に至る過程を簡単にまとめた文章があり、章末に掲載した。ぜひ目を通していただきたいと思う）。

コラム●伊藤博文公墓前祭での出来事

東京・西大井の住宅街の一角に、ひっそりとした墓所がある。伊藤博文公が晩年暮らしていた別邸跡地に建てられたもので、博文公命日の毎年10月26日に墓前祭が行われている。２０１６年の墓前祭に参加したわれわれは、４代目伊藤家当主の伊藤博雅氏からある1通の手記をいただいた。

伊藤博文公墓前祭（2016年）

「朝鮮ニ旅行シ父ヲ憶ウテ」と題する伊藤文吉氏（博文公次男）の手記である。

博文公没後30年（１９３９年）を記念して朝鮮半島を旅した文吉氏は、暗殺者・安重根《アンジュングン》の長男、安俊生《アンジュンセン》氏と京城で思いもかけず邂逅した。文吉氏は安俊生氏のこれまでの苦労を案じ、安俊生氏は文吉氏に父の罪を侘び、「恩讐を越えて」固い握手を交わしたとの記録である。

文吉氏の誠実な人柄が安俊生氏にも伝わり、今風にいえば「未来志向の」関係になったのであるが、過去の事件を引きずったまま憎悪の連鎖が続くか、未来志向となるかは、その時を生きる人の良心や志次第であることを痛感する逸話であった。

3　最重要論点から逐条改正を行う

日本のありたい姿を実現するための内容を、前文に続き憲法の条文に反映するとどうなるか。われわれは、憲法の全文を総覧した上で改正・新設すべき最重要条項を絞り込んだ結果、

①「公」に対する国民の自覚をうながし、また、日本を支える人材を育てるのための「国民の権利と義務」に関する規定

②国会の迅速な意思決定と成熟した民主主義を同時に実現するための「統治機構（国会）」に関する規定

③一つの地方公共団体が丸ごと機能停止するような超大規模な災害や武力攻撃事態などに備えるための「大規模災害・武力攻撃事態等の緊急事態への対応」に関する規定

④自衛隊とその活動の合憲性をより明確にしてわが国の平和と安全をより確実なものとするための「平和及び安全の確保」に関する規定

という4つの規定について、見直していくべきであると提言したい。以下、それぞれについて解説する。

国民の権利と義務

まず、国民の権利と義務について考えたい。現行憲法では国民の権利について、13条から40条までの規定の中で、自由権（思想・良心の自由、表現の自由など）、参政権、社会権（生存権、教育を受ける権利など）に分類される、あらゆる権利が規定されている。その一方で、義務に関する規定は、わずかに教育を受けさせる義務（26条）、勤労の義務（27条）、納税の義務（30条）を数えるのみであり、「権利を規定すること」に重きを置いた構成になっている。

これは憲法が、歴史的には「絶対君主の主権を制限し、個人の自由や権利を確保する」という背景から生まれたという成り立ちを考えれば、ある意味では自然なことかも知れない。しかし、現代社会に目を向けると先に述べたように、わが国では一部の人々による社会保険料の未納や納税忌避という態度が強く懸念されるようになっている。責任を伴わず権利ばかりを主張する「利己主義」が、日本中で社会の不安定化を生みつつある状況が見てとれる。また、世界情勢が歴史的な大転換期を迎えている背景の一つに、「自国第一」の考えが前面的に押し出されることで、欧米を中心とした社会体制が揺らいでいるという事情がある。そこで、われわれは再度、成熟した民主主義国家のあるべき姿として、「権利には義務が伴う」、「自由には責任が伴う」という認識に立ち返ることが必要と考えた。このことをすべての国民が自覚するよう、憲法において規定されている「自由及び権利の利用に伴う責任」（12条）と対を成すものとして、「義務の履行に関する責任」も憲法上に明記するよう提言する。

また、わが国の経済の行く末を考えたときに避けて通れない「①社会保障」「②人材育成」「③外国人労働者」という3つのキーワードと、それぞれの観点から見た憲法上の「権利と義務」に関する論点について述べていきたい。

①社会保障

社会保障は、経済発展が生み出す歪み、「貧富の格差」を修正し、社会の一体感や活力を維持するとともに、国民生活の安定に寄与する重要な仕組みである。今後も必須の制度として、人口動態の大きな変化にかかわらず維持していく必要がある。しかし、国や地方の財政が逼迫する中で、将来世代への負担の先送りである「国債」の発行によって得た資金を社会保障に投入し続けていくという運営方法には限界がある。今後高齢化はさらに進み、ピーク時には人口の約40％が高齢者になるという状況を見据え、国民全体が健康長寿を目指した取り組みを進めるだけでなく、社会保障給付の縮小・合理化、保険料引き上げや増税など、「痛みをともなう改革」を断行する覚悟を持つ必要がある。同時に、受益者＝高齢者、負担者＝若者という〝偏り〟を修正し、たとえば「チャレンジして失敗した若者たちを支えていくための社会保障」という観点も強めていくべきである。そうした認識の下、社会保障における「国民による受益と負担の程度の均衡を図る」という原則を、憲法上明記する。

②人材育成（教育）

第2章、第3章で詳細に述べてきたとおり、資源や食料を海外に依存せざるを得ない日本にとって、国の未来を切り拓く上で、人材育成につながる教育の充実は不可欠な要素である。そのためには、幅広くこれからの日本を支える人々の能力を養う教育（主に義務教育）と、日本の変革を牽引しトップリーダーをつくる教育（主に高校・大学教育）を実施し、分厚い中間層とリーダー層を同時に育成していくことが必要である。こうした認識の下、国民が充実した教育を受けられることを権利ととらえ、国の努力義務として、学校、地域社会、家庭等の協力の下で教育基盤の整備を進めることを、憲法に明記する。

③外国人労働者

歴史的に見てわが国の経済成長の主たる要素は、何といってもイノベーションによる生産性向上であった。今後のイノベーションの可能性を広げていくためには、単に優秀な能力を持つ人材を集めるだけでなく、それに加えてさまざまな文化的背景を持った人材の多様なアイディアを吸収していくことが求められている。こうした観点から、外国人の高度人材を積極的に受け入れることが必須であり、こうした人々が日本に来たいと思える社会的環境を整えていかなければならない。

こうした認識から、長期間にわたって日本に在留する外国人労働者は、「日本社会を構成する一員」として日本国籍を持つ国民と原則的に同一の権利・義務を付与することを、憲法上明記したい。同時に、参政権など、その性質上国民にのみ付与されることが合理的とされる権利については、安全保障上のリスク等を勘案して付与しないとするが、外国人居住者の割合が一定の水準を超えるような地域では、その声を政治に反映させる仕組みについて別途考える必要があろう。

なお、これは単純労働の人手確保とは別次元の話である。これを奇貨として企業が安易に安価な外国人労働力に逃げることになれば、長い目で見た場合の生産性向上やデフレ脱却の観点からは、経済にマイナスに働く。企業が経営改革に懸命に努力した上で、どうしても不足する労働力があれば、外国人労働者に手を貸してもらう、という構図であるべきと考える。

【逐条解説】

●第12条の次に国民の責務に関する1条を追加

第12条において「自由及び権利の利用に伴う責任」が規定されていることを受け、すべての国民が「憲法上の義務の誠実な履行についての責任」を負う旨の規定を新設。ただし、障害その他特別な事情により義務を履行できない者もいることから、「その能力の及ぶ範囲内において」との留保を規定することで配慮。

●第25条第2項に受益と負担の均衡等を明記

第2項　少子高齢化が進む中、持続的な社会保障制度を維持することが必要であるため、そのための費用は、国債の発行等の将来世代への負担の先送りではなく、基本的にはサービスを受けているいまの世代が負担をすべきという観点から、また、受益者（主に高齢者）と負担者（主に若者）が偏り過ぎていることを正す観点から、社会保障について「受益と負担の程度の均衡に配慮」という原則を明記。

●第26条に第3項として国の努力義務を新設

第3項　本項においては、国の努力義務として、学校、地域社会、家庭等の協力を得ながら、教育基盤を整備する旨を規定。なお、「国民の能力の向上及び社会の発展に貢献する人材の育成」の具体的な内容は、これからの日本を支える分厚い中間層をつくるための国民全体の能力向上と、日本のみならず国際社会の発展に寄与する人材の育成を想定。

●第40条の次に外国人の権利義務に関する1条を追加。

現行憲法において規定されている、国民の自由及び権利（自由権や社会権）と、責任及び義務（勤労・納税・教育を受けさせる義務）は、原則として在留外国人にも適用。その際、旅行者や短期滞在者など、権利を与え、義務を課すことに合理性を欠く人々については、対象から除外（たとえば、数年の滞在ののちに本国に帰ることが予定されている人には、日本の義務教育を強制しない等）。その具体的な基準は、個々の法律以下に委任。

改正案	現行
第三章　国民の権利及び義務	第三章　国民の権利及び義務
第十二条　この憲法が国民に保障する自由及び権利は、国民の不断の努力によつて、これを保持しなければならない。又、国民は、これを濫用してはならないのであつて、常に公共の福祉のためにこれを利用する責任を負ふ。	第十二条　この憲法が国民に保障する自由及び権利は、国民の不断の努力によつて、これを保持しなければならない。又、国民は、これを濫用してはならないのであつて、常に公共の福祉のためにこれを利用する責任を負ふ。
第十二条の二　すべて国民は、その能力の及ぶ範囲内において、この憲法に規定する義務を誠実に履行する責任を負う。	
第二十五条　すべて国民は、健康で文化的な最低限度の生活を営む権利を有する。	第二十五条　すべて国民は、健康で文化的な最低限度の生活を営む権利を有する。
２　国は、国民による受益と負担の程度の均衡に配慮しつつ、すべての生活部面について、社会福祉、社会保障及び公衆衛生の向上及び増進に努めなけ	２　国は、すべての生活部面について、社会福祉、社会保障及び公衆衛生の向上及び増進に努めなければならない。

ればならない。

第二十六条　すべて国民は、法律の定めるところにより、その能力に応じて、ひとしく教育を受ける権利を有する。

2　すべて国民は、法律の定めるところにより、その保護する子女に普通教育を受けさせる義務を負ふ。義務教育は、これを無償とする。

3　国は、国民の能力の向上及び社会の発展に貢献する人材の育成に資するため、国民の協力の下、教育基盤の整備に務めなければならない。

第四十条の二　この憲法が国民に保障する自由及び権利に関する規定は、その内容及び目的に照らして合理性を欠く場合を除き、国内に在留する外国人にも適用される。この憲法が国民に課する責任及び義務に関する規定も、同様とする。

第二十六条　すべて国民は、法律の定めるところにより、その能力に応じて、ひとしく教育を受ける権利を有する。

2　すべて国民は、法律の定めるところにより、その保護する子女に普通教育を受けさせる義務を負ふ。義務教育は、これを無償とする。

（新設）

（新設）

コラム●対立する論点

今回の提言のための議論に際しては、意見を集約することが困難な論点が少なからずあった。結果として一つの結論に至ったものの、特に意見が対立した論点についてここに紹介する。読者の皆さんが「日本の問題」を考え、論じる際に、建設的な議論をするための参考になればと願っている。

【外国人労働者】

ここでは「単純労働の担い手としての外国人労働者」の受け入れについて意見が対立した。「賛成派」からは「日本人がやりたがらない業務に就き、現状の生活サービスレベルの維持を可能とする」「人口減少のなか、技術による生産性向上は限界」「受け入れによる世界各国からの共感が必要」などの意見が出され、「反対派」からは「生活習慣・価値観の違いによる文化摩擦が起こる」「新たな身分制の創出になりかねない」「外国人を『安い労働力』と便利に使うことで、生産性向上のための技術導入が先延ばしにされる」などが挙げられた。

「外国人に働いてもらわないと今の生活は維持できない」「文化的な軋轢が生まれる。きれいごとではなく、日本に入れるべきではない」と議論は決裂しがち。しかしその時でも双方が支持できたのは「『便利な安い労働力』として外国人労働者に頼ると、生産性向上の技術に投資がされなくなるのではないか」との疑問だった。

たとえばある工場において、機械で効率化できる業務への新たな投資はせず、当面安価で仕事を請け負う外国人労働者に頼るようになる。商品を購入してくれる得意先も「安いほどいい、新しいやり方はリスクだ」と考え、新しい投資は敬遠しがちになる。当面は変化がなくてすむが、これは長期的には自分の首を絞めるやり方であり、生産性向上技術の導入を支援する制度構築の仕組みも含め、技術革新を前向きに進める気運を醸成すべきである。

われわれが議論したもう一つの側面は、こうした方針は企業に生産性向上のための技術投資をさせる一方、既存のサービスの見直しのきっかけにもなるだろうということであった。生活者が対価を払わない「あったら便利」な過剰サービスが本当に必要なのか。時代に則した新しい生活スタイルを生み出していくきっかけとなることも期待できるのではないか、という点である。

一方、日本に生活する日系の外国人などが、「賃金レベルが低く、子どもが満足な教育を受けられない」といった貧困の連鎖を放置することは人権問題であり、偏見や差別の原因となる可能性があるという点でも一致した。当面は限定的な流入を許容しつつ、日本人同様の権利や法制度による賃金体系の整備によって、外国人にはわれわれの「仲間」としての立場を保証し、生活の不安をなくさなくてはならない。彼らには、その子孫も含めて、日本社会への穏当な定着を目指してもらうべきである。その結論を得て、彼らの持つべき権利についても憲法条文に反映させることとした。

ただし、、想定される「社会保障のフリーライド」などのリスクについては、法律レベルでチェック機能を強化するなどの実態を見た対策を行う必要がある。

【財政再建と経済政策】

国の借金がＧＤＰ比でも二〇〇％を超える現在、「財政を健全化するべき」という議論は一見自明のように思える。一方で、成長路線を重視する人たちは「たとえば企業視点で考えれば、成長のための借金はむしろ健全」という立場をとっており、両者は真っ向から対立。メンバー間でも、時には感情的な議論となる論点だった。

しかし双方の考え方は、アプローチは違うものの、「いま行うべきこと」については、意見が一致している部分が少なからずある。日本の将来を構想するためには、お互いの違いを指摘して立ち止まる前に、協力できる論点についてはその詳細を詰めるべきという方針を立てた。その結果、大きく一致できたのは左記の部分である。

①社会保障費の見直し

社会保障費の増大に関しては、どちらの立場をとるにせよ「見直しをすべき」という結論であった。わが国の社会保障制度は人口が増加し続けることを前提に制度設計されたものであり、制度創設当時の先人たちもここまでの人口減少と高齢化は計算に入れていなかったことだろう。制度の前提が変わってしまった現状では、現在の高齢者の幸せには寄与するものの、将来世代に費用負担を先送りするその考え方は「受益と負担の均衡」の考え方から改めて設計し直すべきだと考え、これを憲法条文に含めた。社会保障費の費用負担見直しに際しては、今まで「シルバー民主主義」とも形容されるような政治的な思惑、既存のステイクホルダーへの配慮などの力学が多分に働いたように見える。しかしこの点については、客観的事実やデータをより重視した議論がなされるべき時代に来ていると考える。

②成長のための日本国の投資

直感的には、現状の対GDP政府債務残高は危険水域に達しており、改善されるべきものではないかと感じる。しかし企業視点で考えれば「借金をして、経済的成長を生み出せる領域に投資をする」という考え方は至極真っ当なものである。資金を投入して、新しい設備を買い、人や技術を育て、投入金額以上の価値を将来的に生む活動をつくり出す。このことには大きな反論はない。しかし国が産業育成のためにこの種の投資あるいは引きしめのタイミングを遅らせることは、本当に成長につながっているのかは検証されるべきであろう。

企業と国の違いは通貨発行権にある。つまり、国はサービスを買う際に必要になるお金を自分の裁量で発行することができる。日本はギリシャなどとは異なり、「無限に現金を刷ることができる」という説もある。しかしそれは「信用」が前提であり「信用」を失った通貨は価値をなくし、モノを買えなくなる。この「信用」の根拠としては資産の大きさがあげられるが、これがどの程度まで有効なのかは注視せねばならない。

また、経済状況を改善しようと考える場合、多分にメンタルな要因にも配慮しなければならないし、改善策を導入するための重点領域の選択と集中や、結果を見極めた上でその方法が有効だったのかどうなのか、撤退も含めた本質的な事実の把握、失敗もかくさないそのレビューや検討が必要である。経済成長が失敗し、通貨が急落した場合には具体的にどのようなことが起こるのか。ギリシャや韓国など過去の通貨下落と違い、日本は「大きすぎて潰せない（too big to fail）」とも言われるが、安易に考えることをやめるのではなく、具体的なシミュレーションをしておくことは必要であろう。その上で経済投資のためのリスクを負うべきかどうかを判断していく。

最終的な結論としては、「単純に財政の黒字化を目的とする」ことは、経済成長に資する政策の芽を摘む原因にもなり、これは不動のものとなる憲法に記載する内容ではないと判断した。財政再建と経済成長のバランスに配慮し、政府が投入する資金がどの程度「将来的価値」を生み出しているのか、その資金の前提となる「国の信用」はどの程度までもつのかについて確認し続けるということが必要であり、政府の政策判断を常にチェックし、日本の進路を選択していくわれわれの責任は、将来世代に対しても大変重いものである。

統治機構（国会）

これまで見てきたように、近年の世界情勢の変化は非常に目まぐるしいものになっている。こうした世の中においては、時流の変化に可能な限り速やかに適応していくことが成功の鍵となることは、論を待たないだろう。新たな技術や課題が生まれるたびに、新しい製品やサービスが次々生み出される。それが適切なものであるという限りにおいて、旧態依然とした法制度や規制がそれを妨害したり、その規制撤廃に時間を要したために、チャンスを逸してしまったというような事態は、極力なくしていかなければならない。

われわれはまず、国会における意思決定のスピードという観点から、二院制の是非について検討した。二院制の問題点として思い出されるのは、何といっても、衆参両院において多数政党が異なる場合に生じてくる、いわゆる「ねじれ」現象である。

その実例として記憶に新しいのは、まず２００７年の参議院選挙において自民党が大敗し、同院において民主党が第一党となった時の「ねじれ」だ。あの時は、テロ特措法の失効後においても海上自衛隊によるインド洋上での補給活動を可能とするため、「補給支援特措法案」が60日間のみなし否決（参議院に送付された法案が60日以内に議決されないときは、衆議院はその法案が否決されたものとみなすことができる（憲法59条４項））の期限ギリギリで否決され、また、ガソリン税の暫定税率延長を可能とするための「改正道路財源特例法案」が60日間の期限経過の後、みなし否決された。

また、2010年の参議院選挙では、当時の与党（民主党・国民新党）が同院での過半数を失ったことで再び「ねじれ」が生じ、しかも与党は衆議院で再可決することが可能な3分の2の勢力を有していなかったため、国の公債発行を可能とする「特例公債法案」が年度を大きく越えても成立しないといった事態が生じた。

このことから二院制の場合、両院で多数派の意見が異なる場合には、意思決定のスピードに重大な問題を生じさせる側面があると言える。とはいえ、いついかなる場合でも「二院制が間違いで一院制が正しい」ということにはならない。

意思決定のスピードとトレード・オフの関係にあるものとして、「熟議」がある。重要な意思決定であるからこそ、スピードを犠牲にしても、慎重かつ十分な審議を行うべきという立場も、当然ある。先進国と呼ばれる国々を見渡すと、G7では構成国のすべてが二院制を採用している。

日本の国会は参議院が衆議院と同じ勢力分布であるときには、参議院は「衆議院のカーボンコピー」と揶揄され、逆に衆参で「ねじれ」が生じると「参議院の権限が強すぎる」と言われる。つまるところ、「二院制を前提とし、参議院の独自性を確保した上で、〝スピード〟と〝熟議〟を同時に確保する」という妙案を探っていかなければならない。

そこでわれわれはまず、参議院の独自性の発揮という観点から、選出原理の変更を提言する。具体的には、両議院の議員は「全国民を代表する」という位置づけは維持しつつ、選出方法として、衆議院議員は全国民の中から選挙する一方で、参議院議員は各地方公共団体（都道府県を念頭に置いている）の住民の中から選挙することとする。これにより、参議院が各地域の代弁者の集まりとして、衆議院とは異なる論理で思考し結論を出すことで、国会での議論に幅と深みが増すのではないか。

なお、「衆議院議員を全国民の中から選挙する」とは、必ずしも選挙区を全国区のみにすることを意図しているのではなく、選挙区の設定を法律に委ねた規定（憲法47条「選挙区、投票の方法その他両議院の議員の選挙に関する事項は、法律でこれを定める」）は維持する。

参議院議員には、全国民の代表としてのステータスと矛盾しない限りにおいて、地域の代弁者として活動する正当性が付与されることとなり、他方で衆議院議員による選挙区への利益誘導のような行為は、これまで以上に慎むべきものとしなければならない。

また、物事の決定を確実かつ迅速に行うためには、両院の議決が異なった場合の意思決定のルールを合理的なものにしておきたい。現行憲法では、衆議院が可決した案を参議院が否決（みなし否決を含む）したときは、衆議院の3分の2の再可決をもって国会の議決とすることができると規定されている。言いかえれば、ねじれ国会にあっては、与党が衆議院で3分の2以上の多数を占めていない限り再可決はできず、与野党の「対決法案」は国会を通過できないことになる。また、仮に与党が衆議院で3分の2以上の多数を占めている場合には、参議院は故意に議決せずに、みなし否決されるまでの60日間、無駄な時間を浪費することも考えられる。遅らせるだけとはいえ、会期に限りがあることを考えれば、野党にとっては国会運営を混乱に陥れる大きな武器になる。

こうしたことが起こらないようにするために、再可決の要件を「3分の2」から「2分の1」に引き下げるべきという声も聞こえる。しかし、2分の1の多数で再可決できるとは、単に、再度同じメンバーで同じ法案について同じ結論を表明するだけのことであり、まったく意味のない作業になる可能性がある。参議院から見れば、一旦衆議院で可決されたものは、参議院がどういう議論経過をたどってどういう結論を出したとしても、結果はすべて無視され得るということである。

そこでわれわれは、衆議院と参議院が異なる結論を出した場合には、必ず両院協議会を開催し、両院が意見を直接ぶつけ合って妥協案をひねり出すことを努力義務とすることを提言する。

数の論理で問答無用に押し切るのではなく、北欧諸国の成熟した民主主義に特徴づけられる「コンセンサス・ポリティクス（合意に基づく政治）」の実践の場として、両院協議会を活用してもらいたい。

ただし当然、「熟議」を強調するあまりに「スピード」が犠牲になる状況は避けなければならない。そこで両院協議会の審議は最大10日間と設定する。参議院の議決がどうなるかは、審議入りの時点でおよそ判明しているはずなので、与野党の政策担当者は事前に合意形成に向けた議論を並行して行うことが適当であろう。また、こうした枠組みでの妥協が行われない場合には、再可決が行われるまでもなく、衆議院の意思が優越することを明確にする。さらに、同じくスピードの観点から、参議院のみなし否決の期間を60日から30日に短縮することとする。これは、両院協議会を義務化している以上、「否決」なら「否決」で、きちんと参議院としての結論を早期に出した上で代案作成のための合議に付すべき、という議会制民主主義の基本的立場を反映させたものでもある。

【逐条解説】

●「第4章　国会」のうち、第43条に衆議院と参議院の選出原理の違いを明記

第2項　衆議院議員は全国民の中から選挙し、参議院議員は各地方公共団体の住民の中か

ら選挙すると明記（都道府県単位を念頭においているが、道州制といった地方公共団体の単位の見直しの議論もある。しかし、本書を執筆している現段階でこれに言及する必要はなく、詳細は法律以下で定めることを前提に規定上は「地方公共団体」とした）。

●第59条で両院の議決が異なる場合の両院協議会の義務化と衆議院の優越の強化を規定

第2項　衆議院と参議院で異なる議決を行った場合には、これまで任意であった両院協議会の開催を義務化。その上で、「コンセンサス・ポリティクス（合意に基づく政治）」を実践し、しっかり議論を行った上で両者合意の代案を出すよう努めるべき旨を規定。

第3・4項　両院協議会にて代案が合意・決定された場合、速やかな意思決定と衆議院優越のため、衆議院のみで審議を行い、この代案が、①可決されればその代案の議決を国会の議決とし、②否決されれば原案に対する衆議院の議決を国会の議決とすることを規定。また、③両院協議会において10日以内に代案が得られなかった場合には、原案に対する衆議院の議決を国会の議決とすることを規定。

第5項　たとえばねじれ国会の場合に、衆議院で可決された法案がいたずらに先延ばしされることのないよう、「みなし否決」までの日数を60日から30日に短縮することを規定。

改正案	現行
第四章　国会	第四章　国会
第四十三条　両議院は、全国民を代表する選挙された議員でこれを組織する。	第四十三条　両議院は、全国民を代表する選挙された議員でこれを組織する。
2　衆議院の議員は全国民の中から、参議院の議員は地方公共団体ごとにその居住する国民の中から、それぞれ選挙される。	（新設）
3　両議院の議員の定数は、法律でこれを定める。	2　両議院の議員の定数は、法律でこれを定める。
第五十九条　法律案は、この憲法に特別の定のある場合を除いては、両議院で可決したとき法律となる。	第五十九条　法律案は、この憲法に特別の定のある場合を除いては、両議院で可決したとき法律となる。
2　衆議院で可決し、参議院でこれと異なつた議決をした法律案があるときは、両議院は、法律の定めるところにより、直ちに各議院において選挙されたそれぞれ同数の代表者からなる協議会において代案の作成について協議し、成案を得るよう努めるものと	2　衆議院で可決し、参議院でこれと異なつた議決をした法律案は、衆議院で出席議員の三分の二以上の多数で再び可決したときは、法律となる。

する。 ３　前項の規定により、両議院の協議会において作成された代案は、第一項の規定にかかわらず、衆議院で可決したとき法律となる。ただし、その代案が衆議院で否決されたときは、第一項の規定にかかわらず、協議会の協議に付した原案が法律となる。 ４　両議院の協議会が開催された場合において、参議院の議決から十日を経過してなお両議院の意見が一致しないときは、原案に対する衆議院の議決を国会の議決とする。 ５　参議院が、衆議院の可決した法律案を受け取った後、国会休会中の期間を除いて三十日以内に、議決しないときは、衆議院は、参議院がその法律案を否決したものとみなすことができる。
３　前項の規定は、法律の定めるところにより、衆議院が、両議院の協議会を開くことを求めることを妨げない。 （新設） ４　参議院が、衆議院の可決した法律案を受け取った後、国会休会中の期間を除いて六十日以内に、議決しないときは、衆議院は、参議院がその法律案を否決したものとみなすことができる。

大規模災害・武力攻撃事態等の緊急事態への対応

想定外の大規模災害や他国から武力攻撃を受けた場合など、国民の安全・安心が極度に脅かされるような状況を想定したときに、憲法の適用を一部停止するための、いわゆる「国家緊急権」のようなものを憲法上明記しておく必要があるかについて検討した。

たとえばドイツの例（ドイツ連邦共和国基本法）をみると、「連邦領土が武力によって攻撃され、またはかかる攻撃の直接の脅威が存する」場合（防衛出動事態）においては、①州の立法権限に属するものを連邦が決定する、②連邦議会と連邦参議院が同時に一つの法案を審議するなど立法手続きを簡素化する、③議会が招集困難な場合に両院の代表者からなる合同委員会が議会の役割を代行するなど、基本法の例外となる措置を講じ得ることが比較的詳細に規定されている。他方、フランスの憲法（1958年憲法）では、「共和国の諸制度、国の独立、領土の保全あるいは国際的約束の履行が重大かつ切迫した脅威にさらされ、憲法上の公権力の正常な運営が妨げられた場合には、共和国大統領は、首相、両議院議長および憲法院長に公式に諮問した後、状況により必要とされる諸措置を採る」と、より包括的に、大統領の「非常事態権力」を規定している。また、米国や英国（そもそも成文憲法が存在しない）の場合、緊急事態における対応については、慣習法（いわゆる「コモン・ロー」）や個別法（アメリカの国家緊急事態法など）の制定に依っている。

日本においても、かつての大日本帝国憲法では、緊急勅令制定権（８条）、戒厳状態を布告する戒厳大権（14条）、非常大権（31条）、緊急財政措置権（70条）など、緊急事態を想定した規定が存在した。現行の日本国憲法にこうした「緊急事態条項」が引き継がれなかった理由については、「憲法の欠陥である」「平和憲法の趣旨を踏まえて意図的に規定しなかった」「そもそも不要である（国家の存続がかかる緊急事態なのだから、規定がなくても当然できる）」などさまざまな解釈があり、学説は必ずしも一致していない。

それでは、明文化された緊急事態条項を持たない現行憲法下で、災害対策や国民保護は問題を抱えているのだろうか。わが国の緊急事態対処の枠組みは、災害の場合は「災害対策基本法」を、武力攻撃事態等の場合は「武力攻撃事態等における国民の保護のための措置に関する法律（国民保護法）」を中心に行われることとなる。これらの法律においては、緊急時において平時の法律に則って行うと支障が生じると考えられるあらゆるものの特例、たとえば、地方公共団体の事務を他の地方公共団体に委任すること（地方自治法の特例）、緊急通行車輌の通行を確保するための一般車輌の路上での駐車（道路交通法の特例）、臨時の医療施設に対する施設基準等の不適用（医療法の特例）など多種多様な法律について、あらかじめ例外規定が置かれている。また、都道府県知事が物資や土地建物の収用を可能にすることなど、憲法が保障する財産権との関係を整理した規定も現に存在している。

ただし、すべての緊急事態を個別に、事前に予測して対策を講じておくことはおよそ不可能である。法整備の網の目からこぼれ落ちた事例があった場合に、迅速にそれに対処するため、憲法においてたとえば「行政が政令により法律の例外を定めること（緊急政令）を包括的に認めるなど、行政権が立法権の一部を一時的に代行する規定を置くべき」という議論はあり得る。しかし、これには「三権分立」の原則をゆがめるという理念的な問題があるほか、その実際の必要性を考えても、これほど交通や通信の発達した現代においては、緊急時であっても速やかに「総議員の3分の1」とされる定足数（必要最低限度の出席者の数）を確保できずに議会（緊急集会も含め）が開会できないという事態も想定しにくい。確かに、政令を定めて公布するまでに要する時間と、政府提出法案を衆参両議院を通過させて公布するまでに要する時間とを比較すると、多少の差は生じるかも知れない。要は、その「多少の差」のために、選挙によって選ばれた国民の代表たる国会を「唯一の立法機関」と定めた民主主義の大原則の例外を認めるべきか、ということである。

この点、現行の災害対策基本法や国民保護法（及び事態対処法）の枠組みには、東日本大震災の経験や朝鮮半島有事のシミュレーションを通じて、少なくとも人命救助や武力攻撃事態など、真に緊急に対処すべき事態には迅速に対応できる仕組みが備わっている。むしろ大切なのは、実際の災害等の現場でこの枠組みの中で適切に物事を判断・決定するための基準が実用的な形で示され、行政等の職員に徹底されていることである。したがって、わざわざ「権力分立」という立憲主義の精神を没却するものになる懸念がある包括的な「緊急政令」の仕組みは、設けるべきでないと考える。

ただし、緊急事態条項として想定し得るものは、何も行政への立法権の委譲を主題とするものに限られない。たとえばドイツ連邦共和国基本法に見られるように、州の権限を連邦が代行するといった事態は想定しなくていいのだろうか。わが国の場合、地方行政は「地方自治の本旨」に基づいて地方公共団体が執り行っているが、先の東日本大震災を契機として、ひとつの地方公共団体が丸ごと機能不全に陥る、という事態も十分想定され得ることが明らかになった。そのような場合への対応策として、災害対策基本法や国民保護法では、被災等をした地方公共団体の要請により、他の地方公共団体が事務を代行することを可能とするような規定はすでに存在している。しかし、本来地方公共団体の権能とされた事務を国が直接行うという必要が生じた場合はどうだろうか。そのような立法例としては、現行憲法の下でも「東日本大震災により生じた災害廃棄物の処理に関する特別措置法（災害廃棄物処理特措法）」や「平成23年３月

11日に発生した東北地方太平洋沖地震に伴う原子力発電所の事故により放出された放射性物質による環境の汚染への対処に関する特別措置法（放射性物質汚染対処特措法）」があるが、これらは地方公共団体からの要請を前提としている。ひとつの地方公共団体が丸ごと機能不全に陥り、事務代行の要請の意思表示ができないような場合に、要請に基づかずとも国が直接地方公共団体の事務を代行するとなれば、それは現行の憲法で言うところの「地方自治の本旨」（憲法92条）との関係で問題が生じ得ると考えられる。こうした国による緊急の「プッシュ型」の事務代行のルールを定めるのであれば、やはり憲法上の根拠が必要となる。

また、特定の地方公共団体のみに適用される特別法を制定しようとする場合には、「その地方公共団体の住民の投票においてその過半数の同意を得なければ、国会は、これを制定することができない」（憲法95条）とされているが、避難等により住民投票が実施できない場合も考えられ、不都合が生じる可能性がある。よって、前述の国の事務代行に加え、住民投票の手続きを省略した特別法の制定を可能とする（ただし、住民投票が実施できる環境に復帰すれば、地方公共団体から特別法存続の申出がない限り、失効させる）ことも、併せて提言したい。なお、これらの場合において、全国民の代表たる国会が地方公共団体の権限を代行し、又は制限することの「正当性」を問われるかも知れないが、すでに述べたとおり、今回われわれは、参議院議員を各地方公共団体から選出することも合わせて提言している。これにより、地方の意思を直接国政に反映させる仕組みが担保されることで、国政と地方行政との結節点が生まれ、国が地方公共団体の固有の事務を緊急避難的に代行することについても、一定の「正当性」が生じると考える。

【逐条解説】

●「第8章　地方自治」のうち、第95条の次に第95条の2を追加

第1項　災害等で地方公共団体が機能不全に陥った際、国がその事務を代行できることとする旨を規定。

第2項　災害等で地方公共団体が機能不全に陥った際、その地方公共団体のみに適用することが必要な何らかの特別な立法が必要な場合で、たとえば地方公共団体全域にわたり住民が避難している場合など、住民投票が実施できないようなときは、国会は住民投票を経ずに特別法を制定可能。

第3項　この特別法制定手続きの特例は、もともと緊急避難的にやむを得ず行う措置なので、地方公共団体が本来の機能を取り戻した場合には、地方公共団体から特別法の存続について申出がない限り、特別法は失効。

改正案	現行
第八章　地方自治	第八章　地方自治
第九十五条の二　災害その他の特別の事情により地方公共団体がその権能の全部を行使できない場合であって、緊急その他やむを得ない理由があるときは、国は、法律の定めるところにより、地方公共団体に替わり、その権能の全部を行使することができる。 2　前条に規定する特別法を制定する必要がある場合であって、災害その他特別の事情により同条に掲げる住民の投票の実施が著しく困難と認めるときは、国会は、同条の規定にかかわらず、住民の投票を実施せずに、特別法を制定することができる。 3　前項の規定により国会が制定した特別法は、同項の特別の事情が消滅したときは、特別法が適用される地方公共団体からの申出がある場合を除き、その効力を失う。	（新設）

平和及び安全の確保

最後に、わが国自身の平和と安全を確保するために、また、その上でわが国が国際社会において果たすべき役割を果たすために、改めて日本の安全保障環境を概観し、あるべき憲法の姿について論じていきたい。特にこの分野は幅広いさまざまな意見があり、議論が難しいものとなるのは、当然であろう。事実、本テーマはわれわれの中でも賛否それぞれの立場を持つメンバーが、最も熱い議論を闘わせたものの一つである。しかしわれわれは世の中に一つのかたちを投げかけたい。是非とも真に国民的な議論の発火点になればと思う。

東アジア地域においては、中国の覇権国家主義的志向による大幅な軍事力強化と積極的海洋進出が進み、また北朝鮮による核兵器・弾道ミサイル開発の加速度的な進展が、現実の脅威として存在している。われわれは複数の自衛隊基地を訪問し、基地の運営状況などの話を伺う機会を得たが、どこの基地でも、近年の中国側の動きに対応する任務の激増を確認することができた。２０１６年度の航空自衛隊機によるスクランブル回数は１１６８回を数え、昨今では中国軍は単純な物量やハードウェアの側面だけではなく、技術練度も増しているとのことであり、警戒度の高まる現場の緊張感を肌で感じた。自衛隊は南西方面の部隊編成の強化を進めており、また、海上保安庁においても、尖閣諸島を管内に置く第11管区の所属職員数は各管区の中で最大となるなど、現場は現実の脅威に立ち向かうべく、制度上許容される範囲での切実な努力と整備を進めている。

しかし一方で、オバマ政権の頃から進み始めたパックスアメリカーナの後退も顕著な中で、東アジア地域における不安定要因の深刻化、パワーバランスの変化は、わが国を取り巻く安全保障環境を大きく変容させるものであり、経済面、外交面、軍事面などあらゆる側面から安全保障対策を施すことが緊急の課題となっていると思われる。

政府は、2015年に安全保障関連法を整備し、存立危機事態の際に集団的自衛権の行使を可能とするなど、防衛力の向上に漸次努力してはいるものの、「自衛隊は軍隊ではなく、自衛のための必要最小限度の実力組織」とする、現在の憲法解釈に基づく政府の立場・見解を維持しており、その立場を変えない限り、拡大と増強を続ける周辺の脅威に対して抑止力を喪失する日の訪れはそう遠くないだろう。

抑止力を構成する3要素は「能力」「意志」そして「認識」である。北朝鮮情勢でいえば彼らに対して「日本は十分な迎撃能力を備え、それを迅速に行使する環境と覚悟がある」ことを示すことで、「日本に対する武力行使は、結果として自国も大きな打撃を被ることにつながる」

と〝認識〟させることが重要なのである。しかし、「専守防衛」を強いられた日本には、初歩的な懲罰的抑止力につながる敵基地攻撃能力すら現時点では運用上は認められていないし、北朝鮮領内を攻撃できる空母や戦闘機、長射程の弾道・巡航ミサイルを自衛隊は保有していない。現行憲法に縛られ、ともすると盲目的とも言える「専守防衛」という言葉に囚われている限り、敵地への反撃など日本の存立を守れるだけの十分な戦力を備えた軍隊を持つことができない。この異常な事態は、一刻も早く正常化されなければならない。時代状況や国際情勢、国家主権に鑑みて、要求される現実と憲法の文言が矛盾し、国家の存続にすら影響を与えかねない齟齬が生じているのであるから、早急に憲法第9条を見直すべきである。

現行の憲法第9条第1項は「日本国民は、正義と秩序を基調とする国際平和を誠実に希求し、国権の発動たる戦争と、武力による威嚇又は武力の行使は、国際紛争を解決する手段としては、永久にこれを放棄する」と規定している。「国権の発動たる戦争」および「武力による威嚇又は武力の行使」を永久に放棄するとあるが、同時に「国際紛争を解決する手段としては」という条件をつけている。現在では、国際法上の用法にしたがえば、「国際紛争を解決する手段」とは専ら侵略を目的とするものを指し、自衛を目的とするものは例外だと考えられる。

現に1954年の段階で、大村清一防衛庁長官はその国会答弁で、「憲法第9条は、独立国としてわが国が自衛権をもつことを認めている。したがって、自衛隊のような自衛のための任務を有し、かつその目的のため必要相当な範囲の実力部隊を設けることは何ら憲法に違反するものではない」と述べている。第9条第1項によっても自衛のための戦争や武力行使は放棄の対象とならないととらえるべきであろう。

また、同条第2項は「前項の目的を達するため、陸海空軍その他の戦力は、これを保持しない。国の交戦権は、これを認めない」と規定している。この「前項の目的」の意味するところが曖昧であるため、一部の人の中には、無条件に「戦力」を保持しないと定めていると解釈する者もいて、結果的に「自衛戦争を含むあらゆる戦争と武力行使が放棄されなければならない」と、不毛な議論を生じさせている。現在の政府解釈の根幹には、「国家固有の自衛権」という考え方があり、日本が独立国家である以上、当然、自衛権を保有していると考え、国家は自衛のための必要最小限度の措置を取り得るとしている。

しかし、第9条第2項で規定している「戦力の不保持」との関係については、自衛隊を自衛のための必要最小限度の実力組織であるため、第9条第2項でいう「戦力」ではないとしている。現行憲法では、自衛戦争を含む一切の戦争を行うことは不可であり、陸海空軍その他の戦力も保持できず、交戦権も認められていない。わが国が自衛権を行使するのは、自衛戦争を縮減した自衛のための抗争のみであるとしているのである。

２０１７年5月3日、安倍晋三首相は自民党総裁としての立場での発言と前置きしつつ、憲法第9条第1項および第2項はそのままに、自衛隊の存在は憲法違反ではないかということが一切議論されなくなるような改憲を２０２０年までに行いたいという意思表示を行った。しかし、ただ現行の第9条に第3項を追加するだけでは、本来は認められているはずの自衛のための交戦権さえも認められないままであり、自衛隊は戦力ではないとの建前が残る可能性が強く、やはり第2項との整合性は担保できない。もし今後議論を先延ばしにしたとしても、日本を取り巻く情勢はいまより悪化している可能性が非常に高く、戦争を回避するためにはできるだけ速やかに日本の抑止力を高める必要がある。憲法改正論の先送りは中国と北朝鮮にとって便利な状況を維持することと同義となっている。

もちろん、かつての日本が第二次世界大戦という無謀な戦争に突き進み、国民や他国に対して多大なる犠牲を強いたことへの怒りや悔悟の念から、「戦力の保持」を正面から認めることについて国民にはいまだ強い懸念があることは理解できる。また、実質的な面では、集団的自衛権の行使を可能とする「平和安全法制」がすでに成立している現在、わざわざ周辺諸国を刺激するような憲法改正を実施することの実益について、疑義を呈する声もあろう。

前述のとおり、この主題についてはわれわれの議論においても、明確に反対の意見を表明する者は少なからずいた。しかし、先に述べてきた法的整合性や抑止力向上の観点から、われわれとしては、やはり現行憲法の第9条第2項を全面改正し、改めて自衛権（個別的自衛権・集団的自衛権）の保持と、自衛権を行使する主体として軍隊の保持を憲法に明記すべきことを、あえて提言したい。ただし、平和主義を継続して維持していくためにも、日本は自衛のための必要最小限の戦力を保持し、その行使は、自衛の必要性がある場合、そして日本の平和を維持するために地域の平和を友好国と連携して守る必要がある場合に限るべきものであることは、論を待たない。

さらに、日本の平和と安全の確保は自国のみで確立できるものではないことも、認識すべきである。急速にグローバル化が進む世界では、多様な国との多様なつながりが複雑に織りなされ、その国際社会に支えられていまの日本があることを忘れてはならない。日本は世界有数の経済大国であり、その力にふさわしい政治・経済・文化、その他の分野での役割を、国際社会において率先して担うべきである。「分断を繋ぎ止める国」であるためには、平和主義の理念のもと、自身の平和と安全を確保しつつ、国際社会とのつながりを幅広く、強固なものにしていくことが求められる。われわれは世界各国に対して、自国のみならず国際社会全体の発展と安定、平和と安全を希求する国民であることを宣言するため、国際社会への貢献に関する条項を新たに明記したい。

最後に、憲法改正以前の早急に改善すべき点として、日本に対する武力攻撃とは認定できない、いわゆる「グレーゾーン事態」への対応が安保法の切れ目として課題を残している点を指摘しておく。武装した偽装漁民など、国籍も所属も不明の集団が、尖閣諸島などの離島に上陸しようとしているような場合がこれにあたる。自衛隊が防衛出動する有事としては認定できないが、警察や海上保安庁では対処が難しい「隙間」であり、現実に最も起きやすいケースと考えられる。闇夜に大量の漁船が押し寄せ、武装した偽装漁民の集団が上陸しても、漁民が何者かわからない限り、他国による武力攻撃と認定することは困難であり、現行法では自衛隊は防衛出動ができない。武力の行使はできないのである。

たとえば、１９９７年2月に発生した下甑島への密航者20人が漂着した例などでは、自衛隊法においては、密航者は防衛出動や治安出動、災害派遣のいずれの対象でもなく、自衛隊は「調査・研究」目的などで出動するしかなかった。２０１2年には「台風からの非難」を理由に、長崎県の漁港が１０６隻もの中国漁船で埋め尽くされた。自国漁民を送り込み、その保護を口実に漁業監視船や海軍艦艇で取り囲み実効支配を確立していく手法は中国の常套手段とされるが、どのような武装がなされているか不明であるにもかかわらず、防衛出動が必要であるとの事態認定がなされない場合、当然部隊の武力行使は不可能なのである。

日本の自衛隊は、治安出動・海上警備行動においては、その行動が警察権行使の延長として位置づけられ、武器使用は正当防衛もしくは緊急避難の場合などに限定される。極論すると「どのような場合でも、まずは敵の攻撃を甘んじて受けろ」ということである。こういったグレーゾーンにも自衛隊が十分に対応できるよう、法律上の根拠と、十分な武器使用権限を認められるよう、制度を早急に整備しなければならない。自衛隊が出動する場合は、原則的に防衛出動とする一方で、自衛隊の防衛出動機会を極力減らすために、海上保安庁の巡視体制を一層強化するなどの現場隊員、職員の命に係る運用面の改善対策が急務であると認識しなければならない。

また、現行の自衛隊法では、防衛・治安出動や海上警備行動など「事態」を明確に区分したうえで「対応措置」を規定、自衛隊の行動も定めるポジティブリスト方式を採用しているが、これは「規定していない行動は取れない」ことを意味する。世界の軍隊は基本的に、「やってはいけない行動を規定する（それ以外は何でもできる）」ネガティブリスト方式を取る。自衛隊のように、「（規定した）やっていい行動のリスト」のみ存在し、「現場ではそれしかしてはいけない」軍隊はほかに存在しないのである。時々刻々と変転する事態に対処するには、集団的自衛権も含め事態の「類型化」は有事の際の状況の変化に柔軟に対応できないばかりか、先の行動を読まれてしまう、という現場の隊員の命のリスクが存在する。自衛隊法や自衛隊の部隊行動基準をポジティブリストからネガティブリストへ転換し、有事の際の状況の変化に柔軟に対応可能とすることが肝要であることを併せて指摘したい。

【逐条解説】

●「第2章　戦争放棄」の前に国際社会への貢献に関する1章を追加

第1章の2として「国際社会への貢献」を謳う。

第8条の2として、国際社会において自らの能力にふさわしい役割を担うべきこと自覚し、国際社会の平和維持、貧困、環境破壊といった問題に貢献していくことを、国民の努力義務として宣言する。

●第2章の章題を「戦争の放棄」から「平和及び安全の確保」に修正

「戦争の放棄」という章題は自衛のための戦争をも否定する含みを持ち、誤解に基づく議論の原因となりかねないが、その一方で、日本はあくまで平和主義を貫く国家であることを併せて示す必要もあることから、「平和及び安全の確保」へと修正。

●第9条第2項を次のように全面的に改正し第3項から第5項を追加

第2項　「戦力不保持」の規定から、「武力の行使」と「自衛権の行使」及び「国連平和維持活動等への参加」との矛盾解消のための規定へと、全面改正。

第3項　現行の「自衛隊」は単なる「行政組織」であるが、国際法上のステータスを明確にするため、新たに「軍隊」の保持についての規定を新設。ただし、軍隊の名称としての「自衛隊」については、今後は単なる「自衛」にとどまらず、国際社会における平和維持のための活動にも積極的に参加していくことも併せて提言していることを踏まえ、「自衛隊」の名称を変更すべきとの意見があり得ることを念頭に、憲法には明記せず。

第4項　軍隊の最高指揮官が文民である内閣総理大臣であることを明確にするとともに、武力行使が想定される任務時（自衛権行使・国連平和維持活動等参加時）には、国会による統制に服することを明記。

第5項　軍隊が災害救助やグレーゾーン事態（偽装漁民による島嶼部の武力占拠など）における出動などの国民を守るための活動を行うことができることを明記。

改正案	現行
第一章の二　国際社会への貢献	（新設）
第八条の二　日本国民は、国際社会において日本国がその政治、経済、文化その他の分野において有する能力及び担うべき役割を自覚し、国、地方公共団体その他の主体を通じ、国際社会における平和及び安全の確保、貧困の撲滅、環境の保全その他国際社会の安定及び発展に資するためのあらゆる行動に貢献するよう努めるものとする。	
第二章　平和及び安全の確保	第二章　戦争の放棄
第九条　日本国民は、正義と秩序を基調とする国際平和を誠実に希求し、国権の発動たる戦争と、武力による威嚇又は武力の行使は、国際紛争を解決する手段としては、永久にこれを放棄する。	第九条　日本国民は、正義と秩序を基調とする国際平和を誠実に希求し、国権の発動たる戦争と、武力による威嚇又は武力の行使は、国際紛争を解決する手段としては、永久にこれを放棄する。
2　前項の規定は、国が自らの平和及び安全を確保す	2　前項の目的を達するため、陸海空軍その他の戦力

るための自衛権の行使及び国が国際社会の平和及び安全を確保するために国際的に協調して行う活動の実施を妨げない。

3 国は、前項に掲げる任務を遂行するため法律の定めるところにより、軍隊を保持する。

4 前項の軍隊の最高指揮官は内閣総理大臣とし、第二項に掲げる任務の遂行に当たっては、国会の承認その他の統制に服する。

5 第三項の軍隊は、法律の定めるところにより、国民の生命、財産又は自由を守るための活動を行うことができる。

は、これを保持しない。国の交戦権は、これを認めない。

【参考】日本の価値を探る旅

日本を創るうえでの基本軸、「義」と「和」

「国のかたち」の根底をなす価値観

「国のかたち」の根底をなす日本人の価値観とは何であるか。われわれは、その価値観を見出すために改めて国の成立の過程から歴史を振り返った。その結果、日本人が持つ世界に誇る価値観は、「義」と「和」の精神であるという結論に至った。その理由については後述するが、われわれは、この2つの価値観を持つ日本こそが、現在世界各国の間で生じている政治・経済的軋轢や国や国民の安心した暮らしを脅かす権力の独占や武力行使による紛争など、国際社会の秩序を分断する事象、格差問題といった社会課題を解決し、世界の分断をつなぎ止める国であり、その国民とならねばならないとの結論に達した。

では、「義」と「和」という価値観は、いかにして日本に宿り、育まれ、強みとなったのか、そして今後どのようにその強みを活用すべきか。

これから「義」と「和」について論じるが、「和」については「十七条憲法」などでなじみのある読者も多いと思うので、まずその「和」から触れることとしたい。

和の価値観

まず、「和」の価値観を再認識する。

日本は、ユーラシア大陸東岸から海を隔て、東に広大な太平洋を臨む島々から国土を形成している。日本人は太古より現在のロシア北部、東南アジア、そして中国大陸からさまざまな人間が集団を成して日本に渡り、居住してきた歴史がある。人類誕生以来、長い年月をかけて、狩猟と採集を営む集団、農耕を営む集団が日本に渡来し、居住してきたのだ。日本は、こうして渡来してきたさまざまな集団を排除するのではなく、緩やかに交じり合いながら孤立言語である日本語を共通語とし、日本人としての集団を形成してきたのである。一方で、他国はどうであろう。歴史を振り返るに欧州や中国はその広大な地域を統治する国家が形成されるたびに前国家の制度やルール、文化や人種が排除され、新しい国家が形成されてきた歴史がある。われわれは、こうした大陸から孤立した地理的条件の中でお互いが助け合い、「和」という価値観を持つ「日本人」の独自性が宿ったと考えた。

そして、このように宿った日本人の「和」という価値観は、「公助」「共助」の精神へとつながっている。

義の価値観

次に、「義」の価値観について考察したい。

われわれは歴史を振り返る過程で、日本の根底に脈々と流れ、今後も根底をなすであろう大きな日本的価値観を２つ見出した。第一は美徳としての〝名誉〟で、第二は日本的な〝正義〟である。

第一の名誉を美徳とする価値観は、古代王権が武断的な営みで確立し、さらに政治権力を武士が長く握ったことによる勇武、即ち生死を超えた価値としての名誉が社会的価値として定着したものである。名誉を重んじることは「義務」を超えた高次元での自己規律に通じる。第二の日本的な正義は、特に武士の統治の時代を通じ厳格な〝刑事〟と自治性の高い〝民事〟に見られた。刑事の取り締まり・罰則が厳格である一方、民事は地域社会の仲裁機能などを通じて解決するものである。これらの歴史的経験の中で、違法行為や訴訟を起こさない、西洋と異なる法治主義が定着した。特に後者は〝正義〟でもあり他人を思いやる〝義理〟でもある。

われわれは、これらに相通じる日本的価値観が「義」であり、「和」や共助といった価値観が生む〝ともに育むこと〟のカウンターパートとして〝自立、貢献すること〟が国家の発展のためになされてきたとの結論に至った。

「義」は多くの意味を含有するが、日本的価値観としては大別して以下の4つではなかろうか。①自立、自己規律を促す「義務」、②互いを思いやる「義理」、③損得を越えた「正義」、④国家や公としての「大義」である。

「義務」には、自立した個を確立し権利や共助に対して貢献する意味がある。行き過ぎた個人権益に対する執着、いわゆる利己主義を極小化していくための基盤となる。「義理」には、「和」や共助とともに他人を思いやること、さらにその思いにて自らをも律する自己規律の意味がある。個人一人ひとりが互いをおもんばかり、法に律されるに及ばずとも社会通念、倫理が律される。「正義」は、正しいことを貫く心であり価値観である。それは、「義務」や「大義」に対する勇気をともなう行動を律する源泉となる。「大義」には、豊かな日本を創生するための公の目的、目標だけでなく、多彩な国際社会の平和や豊かさを追求する国際国家としてのあり方や意義がある。

このような「義」の多様性は、英語で表現すると「duty」「obligation」「justice」などとなろう。英語表現だと外的なロジックで律する（律せられる）意味合いが強いように感じられるが、われわれは、自律、自己犠牲に基づいて自らがやるべきことをやる、英語で表現すると「devotion」に近い概念ではないかと考えた。

自律、自己犠牲に基づいて自らがやるべきことをやる「義」の価値観は、「公」と「個」の分断をつなぎとめ、国家・国民としての自立性を高めていくことに寄与していくことが期待される。

日本形成の歴史的過程からわかったこと

「義」と「和」の精神を育んだ日本形成の歴史を振り返るなかで、われわれは５つの特徴に着目した。

独特の地理的条件により育まれた日本

日本人であるならば誰もが知るように、日本の国土はユーラシア大陸東岸から海を越える６０００を超える数の島々からなっている。大陸の東側に位置することから、大陸人に対して、常に日の出を水平線上に見ることができる地として、「日の出づる処」と認識してきた。

日本列島に人が渡来し、定住を始めたのは、4万年前以降と考えられている。南方、西方、そして北方から、集団が何度かの波のようなかたちで日本へとやってきたものと考えられている。

十万年前に出アフリカを果たして以降、人類は、世界各地に散らばっていく中で、さまざまなDNAタイプを持つようになった。同一のDNAタイプを持つ集団は、その一部がまた移動を繰り返すことで、DNAタイプが変化していったり、他のDNAタイプを持つ集団と交わることとなった。現代においてもこうした人類の移動の記録は、DNAの中に刻み込まれている。

現代日本人のDNAタイプは、さまざまなタイプが存在していることが研究結果から明らかになっている。ミトコンドリアDNAのハプログループで、人口比1%以上のものに限っても20種類以上に及び、東南アジアに分布の中心があるもの、東アジアの中央地域にあるもの、北東アジアにあるもの、そして、日本以外にほとんど分布していないものに分類することができる（『DNAで語る日本人起源論』篠田謙一著）とされる。つまり、日本にやってきた集団は決して1つのDNAタイプに属する集団ではない。出アフリカ以降、さまざまな地を経由して移動してきたいくつかの集団が、この日本で出会い、交じり合って現代の日本人に至ったことを意味する。

地理的に、これ以上東進することが難しい孤立した環境にあることに加え、農耕開始以前であっても比較的高い人口密度を可能とする広葉樹林の拡がった肥沃な土地に恵まれていたこともあり、日本に行き着いた集団は、そこに定住し、さらに他の集団を排除するのではなく、共存していく道を選んだ。そのことが、日本の多くの地域においてＤＮＡタイプが多様性を示していることの一つの証左ではないだろうか。

日本にやってきたそれぞれの集団は、日本に辿り着く以前から、コミュニケーション手段として元々のグループの言語を使っていたと考えられる。しかし、各集団の元来の言語は、日本という地において共存していくためのコミュニケーション手段としては機能しない。

さまざまな集団が日本にやってきて定住する中で、こうした集団のコミュニケーションを支える手段として、日本語という言葉が形成されていったと考えられる。

日本語の出自などについては、これまでにもさまざまな研究が積み重ねられてきているが、言語学的には、「音韻関係」を持つ他言語がなく、基礎語彙レベルで同系関係が確かめられた言語も見つかっていないことから、日本語はやはり孤立言語として捉えるべきである、というのが定説である（『日本語の起源と古代日本語』京都大学文学研究科編）。日本語とある部分で共通性を見出すことができると考えられる言語は数多いが、ある法則をもって置き換えられるような近接言語は存在しない。そのことは、ＤＮＡタイプの多様性からもうかがうことができる。さまざまな集団が日本に渡来して定住する中で、その集団がコミュニケーションをするための共通手段として形成してきた日本語というものの成り立ちを明確に表しているように見える。

大陸から海を越えて到達できる地であり、高い人口密度を可能とする豊かな地であり、それ以上東進することが難しい状況の下、さまざまな集団が定住し、共存を図ったことで日本語という共通のコミュニケーション手段を形成してきた日本は、大陸から「孤立」しているという、この地理的条件がなければ、おそらく誕生することはなかったと考えられる。

こうした見解は、日本を訪れた外国人が鋭く喝破している。幕末から明治にかけての日本を記録した英国の外交官であるオールコックは、その著書『大君の都』の中で「日本にかんしては、その原因のうちでは、孤立ということをたえず見失ってはならない。孤立ということは、日本の制度や発展してきた文明の形態なり程度に関係のあるいかなる問題のなかへもはいりこんでいる」と指摘している。

〝権威〟としての天皇を軸とした統治・社会の形成

６０００以上からなるこの島々において、日本に定住した人々は、日本語という共通のコミュニケーション手段を高度化させていく中で、自分たちを同一の集団に属するものとの認識を高めていったものと考えられる。

大和王権というかたちで統合が進められた共同体は、一方で、その権威を中国の王朝に求めていたことを中国の歴史書や日本に残る遺跡から発見された鉄剣銘などから確認することができる。

血縁・地縁集団の連合体からなる共同体が外の権威（中華秩序の下での中国の皇帝）にその統治の正統性を求めていた時代は永続することなく、大和王権がその力を強め、朝鮮半島などとの関係も強めるようになる中で、共同体のアイデンティティを自らの内に求める動きへと転じ、自己主張を始めることとなった。

天皇の誕生は、各地のさまざまな祭祀のあり方を天皇を中心に再構成し、祭祀の枠組みに統合した。この国における権威の存在を一本化したのである。行政は、その権威に服するものとして整備され、中華秩序からの離脱を明確にすべく、中華皇帝の権威を必要としない天皇という権威の下に成立する日本という国が誕生した。

日本は、中華帝国への対抗から成立したといえる。715年の平城京の元日朝賀の儀式においては、東北部の蝦夷と奄美、沖縄、先島諸島の人々が参列して服属儀礼を行ったことが記録されており、奈良時代には、中国と同様、蝦夷や琉球地方の小集団に対して朝貢を求め、中華秩序と同様の「日本を中心とした国際秩序」を形成できることを強く主張とした（『古代天皇制を考える　日本の歴史08』大隅清陽・関和彦・大津透共著）。

しかし、こうした対抗関係も、遣唐使廃止による大陸との関係の希薄化の中で、日本の独自性を訴求する方向へと共同体の高度化が進んでいく。

外からの脅威に対する意識が薄く、内向き思考が強くなっていくと、どの国の歴史においても、共同体の中では権力闘争が激化していく。一方で、日本という国の存立を支える権威が失われては、権力の所在場所も失われる。こうした実態が、権威と権力を持つ天皇から、不変なものである権威が固有のものとして残り、状況によって移転していく権力が必要に応じて分離されていくことになる。

権威の象徴である祭祀を取り仕切る役割は天皇という存在に帰属し続ける一方、権力は、摂関家、院、武家と時々の政治的実力の存するところに移動していった。しかし、権力の正統性は常に天皇という権威の裏づけがあって成立するものであり、そのため、南北朝時代のように、権威を巡って皇統が2系統に分裂する事態も発生した。

新たな国家建設という難題に直面する明治維新における、王政復古の大号令とともに天皇に権力が集中する統治体制をとり、権威と権力が集中した天皇の名の下で大胆な改革を次々と推し進め、やがて、新国家の基本的な形が整っていく中で、王権を制限する立憲主義へと移行していく動きは、天皇という存在が日本の社会において持つ意味を明らかにしている。

天皇の持つ性格の二重性は、平時においては権威を維持して権力者からの圧力に対抗する一方、国の有事においては、権力をも掌中に収め、絶対的存在として、それまでの共同体の枠組みを根本から変革することを可能とする力を与えることとなった。

異文化を拒絶せず、「多様性」を認めて吸収

前述のとおり、極東の島国であり、単一民族で構成されていると思われがちな日本だが、もともとは海を渡ってやってきたいくつかの集団が互いを拒絶せずに、いわば「多様性」を認め、それぞれの特徴を吸収して、後世の繁栄を築き上げる基礎となったわけであるが、そうした精神性はどのように育まれてきたのであろうか。

まずわれわれは、「論理で理解」するよりも「感性で体得」するという、日本人の認識性向を挙げてみたい。これは、平安時代初期に日本へ伝来した、真言宗や天台宗をはじめとする大乗仏教における「即身成仏」思想、すなわち「行」を行うことを通じて肉身のままで究極の悟りを開き、仏になることを理想とする教えがベースとなった。これに、先祖から受け継いだ土地を自身の生命より大切に考え、子孫に伝えようと最後まで守り抜くという「一所懸命」の精神とが融合し、鎌倉時代になって、直覚性に基づいた「知る」という経験を基礎とする鎌倉仏教が花開くこととなり、武家のみならず、一般庶民にまで幅広く専修念仏や禅が広まり、いわば国民宗教化するにいたったものと考えられる。

さらには、中世以降、茶道や華道など、その感性に基づいて抽象化することに磨きをかけ続けることをいわば美徳としてきた日本独自の文化の中にも、その特徴の一端を見ることができよう。これは、現代においてデザインや漫画・アニメなどの世界で、洋の東西や民族の違いを超えて世界が認め、世界をリードする多くの人材を日本が輩出していることにも表れている。

われわれは、鎌倉の臨済宗総本山円覚寺や鶴見の曹洞宗大本山總持寺での坐禅への参加や、萩焼屈指の名門である三輪窯（山口県萩市）への訪問、講話の拝聴などを通じて、これらの考え方を身をもって確認してきた。

また、日本人は有史以来、海外の先進文化や技術を素早く模倣・吸収して国産化する能力も有していたと言えよう。これは地政学上、常に隣国に当代の先進超大国が存在し、その圧力と対峙しながらも、文字や法制などの文化・社会システム、さらには灌漑や製鉄といった産業技術を巧みに吸収し、それらを国産化＝「日本化」することによって、国家としての土台を形成してきたという経験が育んだものである。

そして時代を経て、戦国期の鉄砲や、幕末の造船などに代表される、西洋から渡来した技術に対してもまた同様に、その優れた性能を素直に認め、しかもそれらを素早く模倣・吸収することで独立した近代国家体制を構築・維持したのである。

このことは１８８９年に公布された大日本帝国憲法（明治憲法）の制定にも見てとれる。伊藤博文が記した『憲法義解』において、伊藤は「およそ法とは、民族精神の発露であって、自国の歴史や慣習に根ざしたものでなければならない」と述べ、日本の歴史や古典を徹底的に調べ上げ、欧米で形成されてきた「異質」な憲法の原理を日本の伝統の上に着地させようとした。まさしく海外の先進文化や技術を吸収しつつ、日本化させようとした好例である。

「和」の精神に基づく、「自立」と「共助」のバランス

飛鳥時代に厩戸皇子（聖徳太子）によって制定されたとされる、日本初の憲法、「十七条憲法」の第1条には『以和為貴』（和を以て貴しと為す）とある。「和」を何よりも大切なものとし、諍いを起こさないことを基本とせよとの条文・教示である。この条文には続きがあり、全文を要約すると、「人は徒党を組みたがり、達観した人格者は少ない。よってともすると、君主のいうことに従わなかったり、近隣の人々とも良好な関係を築けなくなる。しかし上の者も下の者も協調・親睦の精神をもって論議すれば、自ずから道理に適い、万事成就するものだ」といったところであろうか。

まさに、多様な渡来人グループによって形成され、隣に先進超大国を抱えた、極東の小さな島国が、その国家としての自立性・独立性を維持するためには、決して互いを排除するのではなく、「和」の精神のもとで融合し、共に心・力を合わせて事にあたることが何より重要であ

ることを説いているのである。現代にも通ずる日本国民として保持すべき、「和」の精神に基づいた「自立」と「共助」がバランスよく調和したアイデンティティは、はるか古代の世においても、すでに萌芽していたことが見てとれるのである。そしてその精神は、1868年の「五箇条の御誓文」における「第1条　広ク会議ヲ興シ万機公論ニ決スベシ」にも通じていく。

勤労・教育への高い関心など「勤勉」な国民性

江戸時代における約200年余りの間、日本は鎖国下にあったことなどから、果たして本当に日本人は異文化を拒絶せず、「多様性」を認める民族だったのかと、疑問・指摘が呈されるかもしれない。が、それは日本列島に人が住み着き、脈々と紡ぎあげてきた悠久の歴史から見ればほんの一瞬の、しかも江戸幕藩体制下における多分に政治的色彩の濃い「イベント」に過ぎないとの認識であり、われわれの考える日本人としての普遍的な価値観＝アイデンティティの探究との観点からは、的を射ているとは言い難い。

しかし一方で、この鎖国下のいわば自給自足体制の中で、日本は裾野の広い産業分野・技術を短期間で形成したとの史実は特筆しなければならないだろう。すでに鎖国直前の段階で、当時の先端技術であった陶磁器製造や生活必需品となる綿製品のサプライチェーンの形成（綿花の栽培から綿織物の製造・物流まで）など、必要な産業技術の国産化は進んでいた。そこに海外との交易を禁ずる鎖国が発布されたことで、まさに自給自足のために一定水準以上のフルセットの産業構造が構築され、これが現代に至る高度産業国家の基礎となったのである。

そして、特に中世以降、鎌倉・室町時代に形成された寺院教育の伝統や、独特の惣村体制下で広く識字を必要としたことなど、庶民の間でも教育への関心が高かったことを背景に、江戸時代には寺子屋などの初級教育の実践・普及が進んだことが、日本の社会・文化・産業の高度かつ急速な発展に大きく寄与していることは疑いのないところであろう。こうした国民全体の教育志向の早期一般化は、世界でも他に類を見ないものであり、平均値の高い教育水準の形成がそのまま、日本人としての普遍的な価値観＝アイデンティティを崇高なものへと押し上げ、守り続けられてきたすべてのベースとなっているといっても過言ではあるまい。

急速な近代化と失われた「コモンセンス」

明治維新以降、日本は急速な近代化に成功し欧米に比肩する国となった。その過程を検証すると、日本の成功と、その陰で置き去りにされたものが見えてきた。

「西洋の近代」を受け入れることができた基礎的条件

江戸時代から明治初頭にかけて日本を訪れた西洋の知識人が書き残した旅行記が、ほぼ異口同音に触れているのが「日本人の西洋文明への好奇心」に対する驚きである。日本のほか当時の中国、朝鮮を旅した人が、自国以外の文明を見下してかかる中国人と、熱心に学ぼうとする日本人の態度を比べて、ほとんど「真逆」と言っていい印象を得ていたことは興味深い。

象徴的な記述がある。19世紀、どの国の近代化にも欠かせない役割を果たすことになる鉄道を紹介されたときの日本人と中国人の態度を比較したものだ。「(中国人は) 孔子の書物の学問以外はどんな学問も下劣なものと考え、すべての現代の発明を冷静な侮蔑の態度であしらう。(中略) もし貴下が鉄道を (中国人に) 見せたとする。彼はきっと『それと同じもの、ペキンにあった。2倍も速い』というだろう。日本人は反対に熱意と好奇心とに満たされる。彼は調べてみて、手のとどくかぎりのことは何でも質問を発してその答えを丹念に書き留める」(『外国人が見た近世日本』より「エルギン卿遣日使節録」竹内誠監修)。

当時多くの識者が指摘していたのは、朱子学 (儒教) の影響である。「絶対の理」を説く朱子学の観念的絶対価値、そして秩序観に縛られた中国で「文化的優越感」が生じていたのに対し、朱子学の影響が薄かった日本では、実証主義・合理主義に基づいた多様な思想が花開いた、というのである。だからこそ、西洋列強のアジア進出が進み、西洋の文物や制度を取り入れることが発展の行方を左右した19世紀の近代化局面においては、西洋の科学技術、立憲主義、法体系、人権、さらには帝国主義的な「力による」国際秩序の形成まで、「合理的なもの」として素直に吸収できた日本が、中国や朝鮮に一歩先んじることになった。

前述のとおり、日本は江戸時代の鎖国政策を通じて、自給自足経済を支えるための「フルセット型」産業構造と技術を取得する機会を得た。さらに鎖国以前に遡れば、大陸から朝鮮半島を経由して伝わってきた外国の先進技術や制度を吸収した経験には古代以降事欠かない。こうしてすでに培われていた基礎的技術力、柔軟な理解力があって初めて、19世紀に西洋文明を取り入れる際に急速な工業化を実現できたのである。

法制度の点でも、前述のとおり、武士の時代を通じて刑事事件には厳罰が適用される一方、民事では住民や関係者間の合意で紛争解決がはかられていたことで、人々に高い順法意識が培われていた。寺子屋教育に象徴される江戸時代以降の庶民の高い識字率、教育水準もあって、明治期になると、大きな混乱もなく、日本独自の価値も取り込んだ西洋的法体系への転換が可能となった。この時期の他のアジア諸国をみると、たとえばタイでは19世紀後半、立憲主義の導入に王室が反対して逆に絶対王制が確立するなど、曲折をたどった例も多い。明治期の日本のように、エリート層から一般大衆まで含めて一斉に社会的体制転換を果たすことは実はそれほど容易なことではない。

さらに、19世紀の日本で軍事力が発達した要因として、長い武家社会を通じて「勇武」を尊ぶ武士の価値観が広く社会的に共有されていたことが挙げられる。明治時代に軍事指導に訪れた西洋人の間で、江戸時代という2世紀を超す長い平和時代を過ごしたにもかかわらず、「非常に武士的な感情」が維持されていることへの驚きが多く書き残されている。一方、朝鮮では同じく2世紀にわたる平和の後で軍は無用の長物扱いとなり、文官に比べて武官の地位が著しく低く置かれることになっていたとの記述が多い。こうした背景があって日本では、徴兵制が敷かれてからも末端の兵卒まで高い士気が維持され、列強の一角を占める軍事強国が実現していったのである。

急速な転換の中で取り残された「共有知」形成

ここまでで概観したように、200年以上続いた鎖国の後で日本人は流入する西洋文明に旺盛な好奇心を示し、歴史を通じて培ってきた技術力と遵法精神、武を貴ぶ気風で着実に「富国強兵」の道を歩み始めた。対照的に中国、朝鮮は西洋文明を吸収することに積極的ではなかった。朱子学の強い影響から、自文化以外のものに敬意を払わない伝統が背景にあることにも触れた。

だが言うまでもなく、明治維新（1868年）から77年後に、日本は第二次世界大戦に敗れて破局を迎える。維新以降の急速な社会制度転換の中では、政治、経済、軍事の各分野でそれぞれ、新たな統治システムを完全に我が物とし、社会的に共有される知、すなわち「共有知」（コモン・センス）として醸成させるための時間が足りなかった、という仮説を立ててみた。20世紀前半の国際経済と社会の大混乱を前に、新しい統治システムが根付かないままだった日本政府と軍、経済界は対応が後手に回り、体制が整わないまま第二次世界大戦に突入することになった。

政治システムの面で、なぜ政党政治が根づかなかったかを振り返ってみる。１８９０年の明治憲法施行から35年後の１９２５年に制定された「普通選挙法」（普選法）で25歳以上の男子すべてに選挙権が付与され、当時の加藤高明首相以降6代にわたって、衆院の第1党が政権を担う「憲政の常道」によって誕生した内閣が続いた。政友会と民政党の２大政党が交互に政権を担う時代が定着するかに見えたが、普選法から7年後の１９３２年の五・一五事件で犬飼毅首相（政友会）が暗殺されると、戦前の政党政治の時代は事実上終わりを告げた。

政党内閣制の要求は、１８７０年代から言論界で始まり、政府でも大隈重信が１８８１年に政党内閣による政権運営を主張する意見書を提出した。明治憲法は立憲君主制を採用し、議員内閣制の規定は盛らなかった。しかし議会が発足すると、予算や立法で政府と議会多数派の協力は不可欠になり、伊藤博文らの支持で１８９８年に憲政党主体の大隈内閣が生まれた。

大正時代、いわゆる大正デモクラシーを背景に政党は勢力を伸ばしていった。だが、普選法が施行されても、議院内閣制は根拠となる憲法の規定がなく、制度として不安定で、陸海軍や天皇の諮問機関である枢密院などと緊張した関係が続いた。選挙の結果野党に転落した政党が、これら非政府勢力の力を借りて政権与党を攻撃し、倒閣を図るという現象がみられた。

一方、普選法の導入で、有権者数は307万人程度だったのが一挙に約4倍の1240万人と急増した。この結果、政党の選挙運動も多額の資金が必要となり、政治腐敗の生じる余地が生まれた。猟官運動、財閥と政党の癒着も国民の反発を招いた。猟官運動の弊害を防いだり政治資金を規正したりするためのルールづくりなど、米欧では行われていた民主的政党政治を定着させるための制度導入は図られないままだった。政党間の対立、さらには政党内でも内輪もめが激しさを増すなか、昭和金融恐慌、世界大恐慌、中国問題と内外に課題は山積していた。さらに軍は、第一次世界大戦後の世界的軍縮の流れに反発を強めていた。軍部や官僚、国家主義的団体が次第に発言力を増していったのは、政党を主体とする議院内閣制に憲法の裏づけがない以上、避けられない流れだったとも言える。

次に、日本における資本主義の歩みをみると、生産手段の私有を根幹とする私有財産制度が定着し、殖産興業を支える「工部省」が発足した1870年代からほぼ50年で、民間資本は厚みをつけ、軽工業の基礎の上に重工業化が実現されようとしていた。商工業が発展し、急速な都市化も進んだ。小林一三や五島慶太がそれぞれ関西、関東で、鉄道沿線においてサラリーマン家庭を想定した住宅地開発を手がけるようになったのもこの時代だ。だが、資本の集約が進んで財閥が登場する一方、中小企業や農業の生産性改善は後れを取っていた。経済の体力がつかないまま、１９２９年からの世界大恐慌に見舞われ、農村部の娘の身売りに象徴される貧富の差の拡大は顕著になっていった。１９３６年の二・二六事件でクーデターを企てた将校たちも、格差拡大に憤って、政財界を一掃する「昭和維新」を唱えるようになったのだった。

欧米では、自由主義経済を安定させるため、独占禁止法や労働法制といった市場機能を補完する制度、さらには社会保障制度の整備を徐々に進めていた。それでも世界恐慌は防げなかったとは言え、日本では、制度面の整備がきわめて不十分なまま経済大混乱の時代に突入することになり、社会不安の増幅を招いた。

軍事・安全保障面をみると、日清、日露戦争の勝利で日本は「世界三大海軍国」の一角に数えられるようになって存在感を増した。１９２０年に国際連盟発足と同時に常任理事国となったが、ペリー来航による開国から、わずか66年後のことだった。

しかし、日露戦争後の日本に対しては欧米、なかんずく米国の警戒感が急速に強まっていった。中国大陸に進出し、満州国を打ち立てた日本は国際的孤立を深め、１９３３年には国際連盟を脱退する事態へと至った。６年後にはドイツがポーランドに侵攻して第二次世界大戦の口火が切られる。1941年に対米開戦に至る日本だが、軍の装備近代化、そして物資の生産力が不十分なまま戦争に突入したことは指摘しておくべきだろう。第一次世界大戦を経験した欧州と米国では、生産力に裏打ちされた総力戦の概念が定着して兵器や軍事戦略の整備が進む一方、戦後の世界秩序までを見据えた国際関係のマネジメントが展開されていた。

漱石の吐露していた不安

「西洋の開化は内発的であって、日本の現代の開化は外発的である」

夏目漱石は1911年に行った講演「現代日本の開化」でこんな不安を吐露していた。「われわれの開化が機械的に変化を余儀なくされるためにただ上皮を滑って行き、また滑るまいと思って踏ん張るために神経衰弱になるとすれば、どうも日本人は気の毒と言わんか憐れと言わんか、誠に言語道断の窮状」だというのだ。

19世紀の「黒船来航」によって開国を迫られた際には、古くから備わっていた好奇心と基礎的技術力の積み重ねで西洋文明を吸収して順調に滑り出したかに見えた近代日本だが、その後も容赦なく、急激なスピードで変化を続けていく国際情勢の波に追いつきながら、新しく導入した制度や技術を定着させ、さらに必要な改革を加えていくための知恵を「コモン・センス」として社会全体で共有することはできなかったことになる。

第二次大戦後活躍した思想家・森有正は、日本人が西洋と同じ思考や行動をとれなかった、あるいは現代でもとれずにいる原因を日本語というユニークな言語の構造に探った上で、「思想にとって不可欠の公開性、一般的論議の可能性、進歩性」が失われており、思想が広く一般化されるのでなく一対一の「秘伝的性格」が濃厚になってしまっているのだと論じている（『経験と思想』１９７７年）。本編では現代日本の課題の基底にあるものを考察したが、日本人が古来培ってきた価値観は何かを再認識しつつ、「コモン・センス」として共有をはかる作業に結果的に失敗した戦前の歴史から学ぶことはきわめて多いと言えるだろう。

おわりに

これまで繰り返し述べてきたとおり、われわれはいま、急激に変わりゆく世界のまっただ中にいる。しかし、目の前の仕事や生活に精一杯という多くの人々にとって、その変化を実感することは難しい。これは、慣性に支配された列車の乗客が、外を眺めることなく静かに座っている限り、その列車の速さや進んでいる方向に気づくことがないのと似ている。

もしかしたら、いま私たちが乗っている「日本」という列車は、激動の世界の中で、破滅的なスピードで望まない未来に向かって突き進んでいるのかも知れない——こうした問題意識を出発点として、われわれフォーラム21・30期生は、わが国が置かれた状況をつぶさに観察し、わが国が行き着こうとしている未来を見極め、わが国を正しい方向に導くための指針を示すことを目標に、一心不乱に汗を流してきた。1年間にわたる活動を通じて得た成果の結晶である本書は、われわれなりに考え抜いて編み上げた、新しい日本の未来のための「建白書」である。

このような大それた目標を持って活動を行ってきた「われわれ」の正体については、本書の冒頭で明らかにしたとおりだが、これを、「世代」という観点から、もう少し掘り下げて紹介したい。フォーラム21・30期生は、1960年代、70年代に生まれた、いわゆる「新人類」「団塊ジュニア」あるいは「第2次ベビーブーマー」と呼ばれる世代に属している。いまの日本人の平均年齢を粗く計算すると45歳程度であるから、40代前半から50代前半のわれわれは、ちょうど平均年齢付近の日本人の集まりと言える。

また、経済的な側面と絡めて言えば、高度経済成長が終焉を向かえた時期の前後に生まれ、バブル経済に熱狂する大人たちの背中を見ながら学生時代を過ごし、その崩壊に翻弄されながら、社会人としてのキャリアをスタートさせていった世代である。さらに、人口動態の面から見ると、現在のほぼ2倍、年間200万人近くの子どもが誕生していた時期に生まれた世代でもあり、今よりも子どもの頃から厳しい競争に晒されてきた。

そんなわれわれの世代が迎える老後を予想してみると、少子高齢化による社会保障費の膨張圧力と、財政健全化を求める緊縮圧力の相克の中で、一人ひとりが受け取れる年金や医療保険の給付は縮小・合理化の一途を辿り、「60歳でリタイアして貯蓄や年金を原資に悠々自適の老後を送る」という、これまでの中間層に典型的だったライフプランは、もはや夢見るべくもなくなっているだろう。いまや働き盛りの年齢層となり、社会に対して大きな責任を持つに至ったわれわれは、諸先輩方からは「お前たちがしっかりして、この国を建て直せ！」という叱責を受ける立場だが、「この国の未来が危うくなっているのは、そもそもあなた方が欠陥を放置してきたからではないか！」と反発したくなる気持ちもなくはない。

しかし、かつてない危機が静かにわが国を呑み込もうとしているという、目の前に迫った現実がある以上、そんな巡り合わせの悪さを嘆いても始まらない。われわれ自身、日本人として、純粋に祖国が世界の中で埋没していく姿は見るに堪えないし、戦後の復興の中で先人たちが必死に築き上げてきた経済基盤の上に成り立つ豊かな生活を捨て去ることも望まない。いまを生きる子どもたちに、より良い日本を引き継いでいきたいという、親世代としての気持ちや責任感もある。

さまざまなバックグラウンドを持つ参加者たちが集まったわれわれフォーラム21・30期生は、1年間の活動を通じて、真摯に議論を積み重ねてきた。そして、こうした議論の過程で生まれた相互作用から紡ぎ出された集合知を通じて、日本の真実の姿に肉薄することができたと信じている。日本の真実の姿——そこには、われわれ日本人が長らく意識的あるいは無意識的に知ることを避けてきた、変化の波に翻弄されて惨めに落ちぶれていく危険性を孕んだ日本の姿があった。

しかし同時に、新しい形で教育環境や、われわれ自身の生活をより便利に、豊かにしたい、さらには、自分たちの技術とアイディアを武器に世界を変えたいと、逞しく前向きに挑戦する人々を通じて見えた、未来への希望に満ちた日本の姿もあった。

われわれは、こうして日本の「危機」と「希望」とを目の当たりにしたからこそ、「日本のありたい姿」と、そこに至るための道筋としての「新しい人創り（教育）・国創り（憲法）」について真剣に考え、興味深い提言をまとめることができたと自負している。これらは、その実現には大なり小なり困難がともなうものであるし、「これが唯一の正解である」などとおこがましいことを言うつもりもないが、ともかくいま、大胆な改革を実行せずして日本に明るい未来はやってこないことだけは断言する。

そして、「失われた20年」を克服するために、諸先輩方が成し遂げられなかった挑戦的な大仕事を、ぜひともわれわれの世代で成し遂げたい、心からそう思っている。加えて、本書を読んでいただいた読者の方々にも、ぜひともわれわれと一緒に考え、日本再興の取組の輪に加わっていただきたいと、強く願っている。

最後に、われわれにこうしたかけがえのない貴重な場を与え、常に大きな愛を持って叱咤激励し、ここまでの険しい道程を導いてくださったフォーラム21「梅下村塾」の梅津昇一塾長、非常に示唆に富む数々のご講話をいただいた錚々たるフォーラム21の世話人やシニアアドバイザーの皆様をはじめ、取材を受け入れてくださった皆様など、この研修をサポートしてくださったすべての皆様、そして出版に向けてお骨折りいただいた丸善プラネットの戸辺幸美様、有限会社アーカイブの陣内一徳様、さらに推薦の言葉をいただいた保岡興治先生、向井千秋先生に深い感謝の意を表し、本稿を締めくくりたい。

フォーラム21・30期　一同

＊本書をお読みになった読者の皆様のご感想やご意見もお伺いしたく思っています。
下記ＵＲＬにてぜひお考えをお聞かせください。 https://questant.jp/q/5JB1BX7V

30期生諸君の出版に寄せて

私が昭和62年（1987年）に起ち上げた「フォーラム21」の30期生諸君が、1年間の研修の成果をこの1冊の本にまとめた。塾長として、この国のためにリーダーを育てるという思いだけでやって来たが、とうとう30年が過ぎたかと思うと感慨深い。企業でも30年続けば、それは歴史的な節目であり、30期というのは私にとってこれまでとも少し違う、思い出に残る期である。

私は、フォーラム21をはじめ、この社会をつくってゆく人々をつなげる活動に、心身ともに捧げてきた。国のために何かしたいと考え、60歳を過ぎて設立したフォーラム21では、塾生が皆で日本の課題をとらえ、汗を流し、徹底的に議論して「自分は国のために何ができるか」と考え、切磋琢磨してゆくことを大義としてきた。30期までの塾生は、のべ995人。このネットワークは今や非常に貴重なものになっている。私は戦争中軍隊に入り、そこには戦友がいた。戦友。それは共に命がけで戦い、互いに助け合う、そして生涯にわたっての友だ。フォーラム

21の活動においても、塾生は1年間汗を流した後、OBになっても互いが切磋琢磨し続けている。一生付き合っていける、信頼がおける関係。大事なのはこれだ。そして塾生・OBの一人ひとりが日本のリーダーであるという共通認識の下、ある時は会社を代表する立場で、またある時は個人として、使命感と情熱、高い志を持ち続けてもらいたい。それが私の望みである。

私も、初心を忘れず毎年、新たな気持ちで塾生の指導に努めてきたが、研修を評価し、良かったか悪かったかを決めるのはそれぞれの塾生だ。93歳となった今年、30期の研修中には何度か体調を崩すこともあったが、昨年までと同様、塾生たちを時に励まし、時に叱咤の言葉をかけ続けてきた。そして今年も、塾生たちは見事私の期待に応えてくれた。やや私事になるが、6月末の誕生日を30期生諸君が暖かく、盛大に祝ってくれたことも忘れられない思い出である。

2016年秋以降、日本も世界も、歴史的な激動の波に見舞われ続けた。トランプ氏の米大統領当選や、北朝鮮の核・ミサイル開発がここまで差し迫った脅威になることを、どれだけの人が予想できただろうか。安倍首相（自民党総裁）が憲法改正の具体案を自ら示し、2020年までに実現するという時間的目標まで明らかにすることも、つい最近まで想像できた人はほとんどいなかったろう。30期生の活動は、こうした歴史のうねりを目の当たりにしながら、30

年後にも日本が生き残り、繁栄し続けていくための処方箋を自分たちの手で描くという挑戦になった。テーマとして選んだのが、国の根幹を定める「憲法」と、人創りの基本となる「教育」の抜本的改革案づくりである。歴代の塾生たちが30年間、日本のあるべき姿を巡って積み上げてきた議論の集大成と呼ぶにふさわしい二大テーマだ。

戦後の高度成長期を経て豊かになり、変遷していった日本が、この大きな歴史のうねりの中でどう処してゆくべきか。私は常々、これをわが国の大きな課題であると考えてきたが、もはや個別の改革案では足りず、根本的に「この国のあるべき姿」を考える時期がきているのではないだろうか。日本という国の成り立ちを書き込んだ憲法の前文案や、今後の社会や経済安定・発展の障害になりかねない重要な条文の改正案を示す。国民の権利尊重は当然だが、現憲法でともすれば言及が乏しい、「義務を果たすこと」の重要性も確認する。このような視点で、30期が意見を戦わせながら紡いだ憲法草案は、イデオロギーからではなく、「こうありたい」という国の形から逆算して導きだしている点に特長がある。政治家でなく、無色の民間人が、純粋な気持ちで国民としての宿題を果たすつもりで書いたものだから、多くの人に素直に受け入れてもらえると信じている。

国の基礎である人を創る「教育」も長年の課題であった。高度成長期の社会発展とともに、本来、人を育てる根本にあった学校や教師のあり方、家庭の役割がいつの間にか見失われ、今の教育制度のかたちが固まってしまっているように見える。変わりゆく日本の状況を考えれば、人のあるべき姿を考え、そのための教育方法を、根本から考え直すべきである。利己主義に凝り固まるのではなく、社会を構成するお互いへの愛情を持った人々、そして次の時代の日本をつくり出してゆく、哲学や行動力を持ったリーダーとなる人々を育ててゆくのに必要な、新たな「教え方」を具体的な教育プログラムも挙げてとらえ直した。それとともに、必要となる財源をどうひねり出すかも徹底的に議論した。現状で無駄に使われているお金や、教育委員会制度の見直しで生まれるお金など、具体的に数値を挙げて検証した。前例踏襲型の制度では見失われがちだが、個人であれば当然に考えるだろう「お金の活かし方」を提示するもので、説得力ある提言になったと考えている。

私がこれまでこの活動で行ってきたのは、普通なら出会うことのない異業種の精鋭が集う場をつくることだ。各企業や組織の中で縦割りで過ごしてきた人たちに横串を通すようにして、一つのエリート集団をつくり上げる。これは吉田松陰の松下村塾と似ている、ということで梅津の「梅」を取って「梅下村塾」という名前を付けて下さったのは今井敬・現経団連名誉会長だった。「平成の志士たち」と私が期待する塾生たちが、大量の書物をあさるだけでなく、全国、そして海外に足を運んで、汗をかきながら日本生き残りのヒントを探し続けた成果がこの本である。だが、本を出すこと以上に大事なのは、自分たちが書いた提言を実現していくことだ。改革の前途に立ちふさがるであろう官僚組織や、大衆迎合的政党や言論といった「山」をどうやって動かすか。最後は責任ある政治の決断が必要になるが、30期生たちにはこれからも議論を続け、知恵を出し合い、切磋琢磨してもらいたい。

「梅下村塾」という名前を今井名誉会長に頂いた時、その名にふさわしい塾是をつくろうということになって出来上がったのが、次の文言だ。

「流汗悟道　実践躬行　高志垂範　超我奉公　交友知愛」

これは本当に良い塾是であり、ここに込めた精神は永久に繋がっていくものであるということを、これまでフォーラム21に集ったすべての塾生に贈る言葉としたい。

平成29年8月

フォーラム21　梅下村塾
塾長　梅津昇一

【主要参考文献】

◆はじめに・序章

『ライフシフト―100年時代の人生戦略』リンダ・グラットン、アンドリュー・スコット、東洋経済新報社、2016年
『米中もし戦わば―戦争の地政学』ピーター・ナヴァロ、文藝春秋、2016年
『語られざる中国の結末』宮家邦彦、PHP研究所、2013年
『マッキンゼーが予測する未来―近未来のビジネスは、4つの力に支配されている』リチャード・ドッブス、ジェームズ・マニーカ、ジョナサン・ウーツェル、ダイヤモンド社、2017年
『大過剰―ヒト・モノ・カネ・エネルギーが世界を飲み込む』中島厚志、日本経済新聞出版社、2017年
『2052―今後40年のグローバル予測』ヨルゲン・ランダース、日経BP社、2013年

◆第1章

『「持たざる国」からの脱却―日本経済は再生しうるか』松元崇、中央公論新社、2016年
『この1冊でわかる世界経済の新常識2017』熊谷亮丸（監修）、大和総研（著）、日経BP社、2016年
『人口と日本経済　長寿、イノベーション、経済成長』吉川洋、中央公論新社、2016年
『なぜローカル経済から日本は甦るのか』冨山和彦、PHP研究所、2014年
『稼ぐ力を取り戻せ！―日本のモノづくり復活の処方箋』冨山和彦、日本経済新聞出版社、2013年
『地方消滅―創生戦略篇』増田寛也、冨山和彦、中央公論新社、2015年
『IoTとは何か―技術革新から社会革新へ』坂村健、角川書店、2016年
『新・所得倍増論』デービッド・アトキンソン、東洋経済新報社、2016年
『イノベーションはなぜ途絶えたか―科学立国日本の危機』山口栄一、筑摩書房、2016年
『貧困のハローワーク』増田明利、彩図社、2016年
『人工知能と経済の未来―2030年雇用大崩壊』井上智洋、文藝春秋、2016年
『2050　近未来シミュレーション日本復活』クライド・プレストウィッツ、東洋経済新報社、2016年
『教養としての社会保障』香取照幸、東洋経済新報社、2017年

◆第2章

『12歳までの好奇心の育て方で子どもの学力は決まる！』永井伸一、青春出版社、2017年
『幼児教育の経済学』ジェームズ・J・ヘックマン、東洋経済新報社、2015年
『GRIT 平凡でも一流になれる「やり抜く力」』リンダ・キャプラン・セイラー、ロビン・コヴァル、日経BP社、2016年
『「学力」の経済学』中室牧子、ディスカヴァー・トゥエンティワン、2015年
『子どもは40000回質問する―あなたの人生を創る「好奇心」の驚くべき力』イアン・レズリー、光文社、2016年
『日本から男の子を育てる場所が消えていく―ボーイスカウトの凋落が日本をダメにした！』喜多由浩、主婦の友社、2011年
『10年後、君に仕事はあるのか？―未来を生きるための「雇われる力」』藤原和博、ダイヤモンド社、2017年
『誰が学校を変えるのか―公教育の未来』藤原和博、筑摩書房、2008年
『日本教育史―教育の「今」を歴史から考える』山本正身、慶應義塾大学出版会、2014年
『新しい教育行政学』河野和清、ミネルヴァ書房、2014年
『日教組』森口朗、新潮社、2010年
『学校の戦後史』木村元、岩波書店、2015年
『「日本型学校主義」を超えて―「教育改革」を問い直す』戸田忠雄、筑摩書房、2015年
『教育学　歴史・理論・課題』海原徹、ミネルヴァ書房、1997年
『教育人間学のために』西平直、東京大学出版会、2005年
『新しい学力』齋藤孝、岩波書店、2016年
『海外の教育改革（放送大学大学院教材）』坂野慎二、藤田晃之、放送大学教育振興会、2015年
『こんな教育委員会はいらない―教育委員会への手紙』篠原寿一、自由社、2015年

◆第3章

『アメリカのスーパーエリート教育（改訂版）』石角完爾、ジャパンタイムズ、2010年
『エリート教育のすすめ―こうして日本は生まれ変わる』石井公一郎、PHP研究所、2002年

『エリートの条件―世界の学校・教育最新事情』河添恵子、学習研究社、２００９年
『カエルの楽園』百田尚樹、新潮社、２０１７年
『教育とはなんだ（増補新版）』重松清、筑摩書房、２００８年
『クリティカルシンキング（入門編）』ユージン・B・ゼックミスタ、ジェームズ・E・ジョンソン、北大路書房、１９９６年
『ザ・ラストマン―日立グループのV字回復を導いた「やり抜く力」』川村隆、角川書店、２０１５年
『残念な教員―学校教育の失敗学』林純次、光文社、２０１５年
『指揮官は語る』荒木肇、並木書房、２００１年
『だから日本は世界から尊敬される』　マンリオ・カデロ、小学館、２０１４年
『統計学が日本を救う―少子高齢化、貧困、経済成長』西内啓、中央公論新社、２０１６年
『ハーバード流リーダーシップ「入門」』D・クイン・ミルズ、ファーストプレス、２００６年
『ビジョナリー・リーダー―自らのビジョンを確立し、組織の成果を最大化する』北垣武文、ダイヤモンド社、２０１０年
『批判的思考―21世紀を生きぬくリテラシーの基盤』楠見孝、道田泰司、新曜社、２０１５年
『私たちが拓く日本の未来』（パンフレット）総務省、文部科学省、２０１５年
『私の教育改革論―21世紀を見据えて』河野俊二、日経事業出版センター、２０１０年
『私の経営論』宮内義彦、日経BP社、２０１６年
『武士道』新渡戸稲造、岩波書店、１９３８年
『教えて！校長先生―渋谷教育学園はなぜ共学トップになれたのか』田村哲夫、中央公論新社、２０１５年
『グローバル化時代の大学論2―イギリスの大学・ニッポンの大学』苅谷剛彦、中央公論新社、２０１２年

◆第４章

『憲法 第六版』芦部信喜、高橋和之補訂、岩波書店、２０１５年
『自由と国家―いま憲法のもつ「意味」』樋口陽一、岩波書店、１９８９年
『「憲法とは何か」を伊藤博文に学ぶ』相澤理、アーク出版、２０１５年
『比較憲法』君塚正臣、ミネルヴァ書房、２０１２年

『フィロソフィア・ヤポニカ』中沢新一、集英社、２００１年
『リベラルのことは嫌いでも、リベラリズムは嫌いにならないでください―井上達夫の法哲学入門』井上達夫、毎日新聞出版、２０１５年
『経験と思想』森有正、岩波書店、１９７７年
『味読精読十七条憲法』加藤咄堂、書肆心水、２００９年
『日本法制史』浅古弘、伊藤孝夫、植田信廣、神保文夫、青林書院、２０１０年
『ＤＮＡで語る日本人起源論』篠田謙一、岩波書店、２０１５年
『日本語の起源と古代日本語』京都大学文学研究科、臨川書店、２０１５年
『日本的霊性　完全版』鈴木大拙、角川学芸出版、２０１０年
『外国人から見た近世日本―日本人再発見』大石学、磯田道史、山本博文、岩下哲典、竹下誠、角川学芸出版、２００９年
『伊勢神宮と出雲大社―「日本」と「天皇」の誕生』新谷尚紀、講談社、２００９年
『日本仏教思想論考』末木文美士、大蔵出版、１９９３年
『北京コンセンサス―中国流が世界を動かす?』ステファン・ハルパー、岩波書店、２０１１年
『古代天皇制を考える（日本の歴史08）』大津透、大隅清陽、関和彦、熊田亮介、丸山裕美子他、講談社、２００１年
『漱石文明論集』三好行雄（編）、岩波書店、１９８６年
『琉球王国』高良倉吉、岩波書店、１９９３年
『リヴァイアサン（第1／2部）』トマス・ホッブズ、岩波書店、１９９２年
『憲法講義Ｉ 第3版』大石眞、有斐閣、２０１４年
『憲法改正のオモテとウラ』舛添要一、講談社、２０１４年
『憲法改正の比較政治学』駒村圭吾、待鳥聡史、弘文堂、２０１６年
『安全保障関連法　変わる安保法制』読売新聞政治部、信山社、２０１５年
『日本国憲法改正草案　Ｑ＆Ａ』（パンフレット）自由民主党　憲法改正推進本部、２０１２年
『新版 世界憲法集』高橋和之、岩波書店、２００７年

【執筆者一覧】

雨皿祥子（株式会社ダイエー）、稲田和広（株式会社日立産業制御ソリューションズ）、今村尚子（三菱重工業株式会社）、入江秀和（サントリーホールディングス株式会社）、宇野裕之（日本郵船株式会社）、奥脇智紀（ソニー株式会社）、尾実健（三井不動産株式会社グループ）、小田和之（富士ゼロックス株式会社）、尾上真由美（株式会社資生堂）、加藤昌二（鹿島建設株式会社）、川島謙一郎（東京電力ホールディングス株式会社）、小林弘典（全日本空輸株式会社）、佐藤学（ヤマトシステム開発株式会社）、清水真哉（株式会社電通）、下川昌宏（本田技研工業株式会社）、竹村裕之（大日本印刷株式会社）、近岡昌彦（日本アイ・ビー・エム株式会社）、外岡新一郎（株式会社ＮＴＴドコモ）、豊田敏久（東日本電信電話株式会社）、永田和男（読売新聞東京本社）、中村秀之（株式会社ＮＴＴデータ）、塗谷弘太郎（花王株式会社）、樋口達夫（東日本旅客鉄道株式会社）、樋口達也（株式会社みずほフィナンシャルグループ）、前田敦（西日本電信電話株式会社）、前田義晴（オリックス株式会社）、丸川佳（セコム株式会社）、毛利具仁（新日鐵住金株式会社）、矢田部高明（東レ株式会社）、山口斉（日本生命保険相互会社）、吉野晃崇（出光興産株式会社）、渡邊博之（三菱商事株式会社）

（50音順）

※本書の意見や提言は個人の立場で書かれたものであり、所属する企業の見解ではありません。

フォーラム 21・梅下村塾

フォーラム 21 は、日本を牽引する次世代リーダーの交流育成を目的に、1987 年、真藤恒（当時日本電信電話株式会社社長）、小林陽太郎（当時富士ゼロックス株式会社社長）、梅津昇一（当時株式会社ユーエス・コーポレイション社長）の三氏が中心となって設立された異業種交流機関である。1999 年、今井敬氏（当時新日本製鐵株式会社会長・経団連会長）が「平成の松下村塾たれ」との思いでこれに「梅下村塾《ばいかそんじゅく》」と命名した。同塾は、梅津昇一氏が〈塾長〉として主宰し、毎年、主要企業などから推薦を受けた中堅幹部が参加している。一期一年、これまで（1 期～ 30 期）の修了生は 995 名にのぼり、その中から企業社長など各界トップを多数輩出、日本を牽引するリーダーたちの巨大なネットワークを形成している。
http://www.forum21.gr.jp/index.html

2050年への人創り・国創り
分断する社会と世界を繋ぎとめるために

二〇一七年一〇月三一日　初版発行

著作者　フォーラム21・梅下村塾30期生

発行所　丸善プラネット株式会社
〒一〇一-〇〇五一
東京都千代田区神田神保町二-一七
電話（〇三）三五一二-八五一六
http://planet.maruzen.co.jp/

発売所　丸善出版株式会社
〒一〇一-〇〇五一
東京都千代田区神田神保町二-一七
電話（〇三）三五一二-三二五六
http://pub.maruzen.co.jp/

編集／有限会社アーカイブ
組版／株式会社明昌堂
印刷・製本／大日本印刷株式会社
ISBN 978-4-86345-346-3 C0036